AF465030

JACQUES DE LA FORGE

TUNIS-PORT-DE-MER

NOTES HUMORISTIQUES D'UN CURIEUX

Hte-Marne. 46 1894.

9143

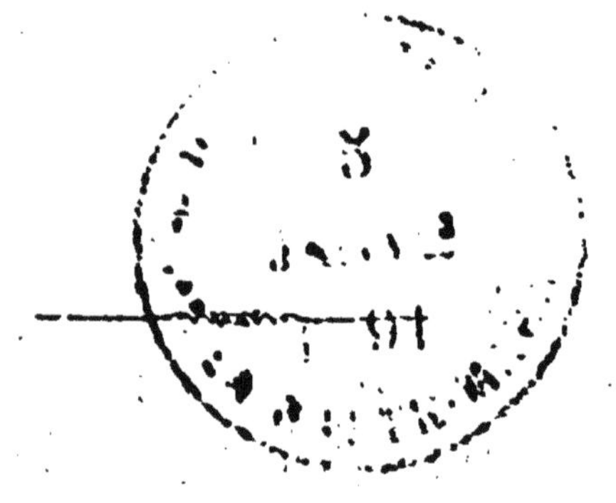

PARIS

LIBRAIRIE MARPON ET FLAMMARION

E. FLAMMARION, Succ

26, RUE RACINE, PRÈS L'ODÉON

1894

EN VENTE CHEZ LE MÊME ÉDITEUR: DERNIÈRES PUBLICATIONS

Collection in-18 à 3 fr. 50 le volume.

AICARD (JEAN). — **L'Ibis bleu.** Roman . . . . 1 vol.
ALLAIS (ALPHONSE). — **Pas de Bile!** . . . . 1 vol.
BARBIER (C.). — **Voyage aux pays des Dollars.** . . 1 vol.
BERGERAT (ÉMILE). — **Les soirées de Calibangrève.** Illustrées . . . . 1 vol.
BIGOT (CHARLES). — **Un Témoin des Deux Restaurations.** — Edmond Géraud. . . . . 1 vol.
BORDONE (GÉNÉRAL). — **Garibaldi** (Portrait et autographe) . . . . 1 vol.
CAHU (THÉODORE). — **Loulette voyage** . . . . 1 vol.
CATERS (L. DE). — **Revanche d'Amour.** Roman . . . 1 vol.
COURTELINE (GEORGES). — **Messieurs les Ronds-de-Cuir.** Illustrés par Bombled . . . . 1 vol.
DAUDET (ALPHONSE). — **Rose et Ninette.** Mœurs du jour. — Frontispice de Marold . . . . 1 vol.
— **L'Obstacle.** — Collection Guillaume, illustrée . . . . 1 vol.
— **La Menteuse.** Illustrations de Myrbach. . . . . . . 1 vol.
DANRIT (CAPITAINE). — **La Guerre de demain.** Ill. de P. de Semant (Guerre de Forteresse, 2 vol.; En Rase Campagne, 2 vol.; En Ballon, 2 vol.) . . . . 6 vol.
DRUMONT (ÉDOUARD). — **Mon Vieux Paris.** Illustr. de G. Coindre . . . . 1 vol.
FIGUIER (LOUIS). — **Les Bonheurs d'Outre-tombe.** 1 vol.
FLAMMARION (CAMILLE). **Uranie.** — Collection Guillaume, illustrée . . . . 1 vol.
GERARD (Dr). — **Le Médecin de Madame.** Roman professionnel . . . . 1 vol.
GINA SAXEBEY. — **Cœurs passionnés.** Roman . . . . 1 vol.
KISTEMAECKERS FILS (HENRY). — **Mon Amant.** Roman psychologique . . . . 1 vol.
LHEUREUX (PAUL). — **Une Langue** . . . . 1 vol.
MAEL (PIERRE). — **Mariage mondain** . . . . 1 vol.
MALOT (HECTOR). — **Complices.** . . . . 1 vol.
MENDÈS (CATULLE). — **Les Lieds de France.** Musique de Bruneau. Illustrations de Raphaël Mendès . . . . . . 1 vol.
MICHELET (J.). — **Sur les Chemins de l'Europe** (Angleterre, Flandre, Hollande, Suisse, Lombardie, Tyrol) . 1 vol.
MOINAUX (JULES). — **Le Monsieur au Parapluie.** Roman . . . . 1 vol.
PONT-JEST (RENÉ DE). — **L'Agence Blosset.** Roman. 1 vol.
— **Lettres volées.** Roman . . . . 1 vol.
PRADELS (OCTAVE) **Contes joyeux et Chansons folles.** Illustr. de Kaulfman. . . . . 1 vol.
PUIBARAUD (LOUIS). — **Les Malfaiteurs de profession.** Illustr. de L. Gras. . . . . 1 vol.
ROGER-MILES (L.). — **Nos Femmes et nos Enfants** (Préf. de Legouvé) . . . . 1 vol.

Imp. G. Saint-Aubin et Thevenot, Saint-Dizier, 30, Passage Verdeau, Paris

TUNIS-PORT-DE-MER

O3i. 367

DU MÊME AUTEUR

Délégué sénatorial !

La Gironde.

Brise légère.

POUR PARAITRE PROCHAINEMENT

Une méprise.

Le kiosque.

JACQUES DE LA FORGE

DÉPOT LÉGAL
Hte Marne.
N° 46
1894.

TUNIS-PORT-DE-MER

NOTES HUMORISTIQUES D'UN CURIEUX

PARIS
LIBRAIRIE MARPON ET FLAMMARION
E. FLAMMARION, Succr
26, RUE RACINE, PRÈS L'ODÉON

1894

A

CHARLES TOCHÉ

ET

A MES AMIS

DE FRANCE ET DE TUNISIE

AU LECTEUR

En publiant ces pages, je n'ai nullement la prétention de décrire la série des cérémonies officielles qui ont accompagné l'inauguration du port de Tunis. J'ai encore sous les yeux le programme détaillé — une semaine entière de réjouissances de toutes sortes, le matin, l'après-midi, le soir, la nuit : c'était effrayant ! Il eut fallu pour y résister une santé de fer, une vigueur d'Hercule, une constitution de ministre. Ah ! les a-t-on assez promenés de fêtes en fêtes, ces pauvres ministres, pendant les trois ou quatre jours qu'ils ont passés là-bas ! Ils étaient partout à la fois, par un don d'ubiquité qui tenait du prodige. J'admirais leur vaillance et au milieu de la foule idolâtre qui se pressait sur leur passage, je ne pouvais m'empêcher de leur appliquer et de fredonner tout bas ce couplet que Nadaud a mis dans la bouche de son immortel brigadier de gendarmerie :

« C'est un métier bien difficile ! »

. . . .

Je n'ai donc vu qu'une partie des fêtes : je dois avouer que je n'ai pas chassé les buffles du Djebel Ischeul ni applaudi cette fameuse course de chameaux dans laquelle les malheureuses bêtes, complètement affolées, s'enfuirent dans toutes les directions — hormis la bonne. Je n'ai pas assisté à ces innombrables concours de tir, d'escrime, de musique, de régates, de vélocipèdes, j'en passe peut-être encore ! Je ne me suis pas assis, — infortuné convive ! — à ces banquets quotidiens où l'éloquence alternait avec la gastronomie. Bien plus, — horresco referens ! — j'ai oublié, mais totalement oublié, d'aller voir l'exposition agricole, un des clous — officiels — des fêtes tunisiennes. J'y ai songé seulement le lendemain de la fermeture et, de tous les noms des lauréats, je n'ai retenu que celui de mon ami E. Lefèvre, qui a remporté le premier prix, une médaille d'or, pour un poulain de race barbe : ce qui prouve qu'il est aussi bon éleveur à la campagne que brillant avocat au barreau de Tunis.

Loin de moi également l'outrecuidante pensée de présenter sur la Tunisie un système de colonisation original, une réforme économique quelconque, pas même des aperçus nouveaux. Après les remarquables travaux qui ont été faits et les nombreux ouvrages qu'on a publiés, j'arriverais bon dernier!

Je ne suis pas davantage un savant en us et, si je les admire, je me déclare profondément incapable de décrire en termes techniques, les richesses archéologiques, historiques, géologiques, botaniques, cynégétiques et autres de ce merveilleux pays. Je craindrais trop de commettre des anachronismes renversants, des barbarismes architecturaux et des solécismes numismatiques qui me feraient lapider par toutes les Académies indignées de France et de Navarre!

Qu'êtes-vous donc enfin? demandera le lecteur intrigué?

Mon Dieu! simplement un modeste touriste, un humble voyageur qui raconte ce qu'il a vu sans songer à plus. C'est pour cela que j'ai fait suivre le titre un peu emphatique: TUNIS-PORT-DE-MER, de ce correctif immédiat : *notes humoristiques d'un curieux*. Eh! oui, ce sont de simples notes détachées de mon carnet qui forment ce volume. Il n'a pas de haute visée politique, économique ni même littéraire: il possède le simple mérite d'être *très vécu*.

Nous étions là une bande d'amis qui avons

fait à Tunis un séjour des plus agréables : ce sont les incidents de notre voyage, de notre vie commune, que je raconte au jour le jour, associés aux descriptions des fêtes et de la ville. J'en ai lu des extraits à quelques-uns, ils m'ont poussé à les publier et, comme on croit facilement ce qui vous flatte, j'ai eu l'imprudence de céder à leurs sollicitations.

Qu'ils portent seuls la responsabilité de ce volume !

Pour moi, je m'estimerai suffisamment payé, si j'ai pu leur être agréable et surtout si je détermine quelque lecteur inconnu à visiter à son tour cette Tunisie si pittoresque, si lumineuse, si ensoleillée, — curieuse pour tous les hommes instruits par son passé, intéressante pour tous les Français par son avenir !

En terminant qu'il me soit permis d'exprimer à M. Rouvier, notre Résident Général, mes sentiments de profonde gratitude pour sa gracieuse invitation à l'Inauguration du Port. Encore qu'il soit nouveau venu dans la Tunisie, il a déjà su se faire aimer et apprécier de tous.

J'exprime également mes remercîments à M. Eugène Pereire qui m'avait offert l'hospitalité sur les bâtiments de la Compagnie transatlantique, et à l'aimable Tunisien, Sidi-Béchir-ben-Béchir qui m'accueillit dans sa maison d'une façon si cordiale. J'avais toujours entendu vanter la courtoisie orientale : j'ai pu constater par moi-même que les éloges étaient encore au-dessous de la vérité.

Enfin je tiens à ne pas oublier ceux qui m'ont aidé de renseignements écrits ou verbaux. Je dois citer notamment M. E. Lecore-Carpentier, l'intelligent rédacteur de la *Dépêche Tunisienne*, qui m'a permis de puiser largement dans son journal toujours bien informé ; — M. Le François, l'éditeur d'un annuaire tunisien très littéraire et très intéressant ; — M. l'abbé B... dont la modestie égale le dévouement ; — M. Battini, l'aimable commissaire de police, enfin tous mes amis de là-bas à qui j'adresse, avec mon souvenir ému, la dédicace de ce volume comme un témoignage de ma reconnaissance et de mon affection.

St-Dizier, le 25 août 1893.

TUNIS-PORT-DE-MER

CHAPITRE PREMIER

De Paris à Tunis. — La gare de Lyon et l'invasion des Barbares. — Reconnaissance et fraternité. — La France à toute vapeur. — Mes aventures à Marseille. — Où il est parlé d'un Figaro loquace et d'un musicien galonné. — Je manque de me noyer dans une baignoire. — Un Niagara en chambre. — Le concours de musique et le défilé des sociétés. — Agents de police et public marseillais. — Embarquement sur *la Ville de Naples*. — Traversée houleuse.

Dimanche 21 *mai*. — On met aujourd'hui pour aller de Paris à Tunis un peu moins de temps qu'il n'en fallait pour se rendre à Nancy, il y a cinquante ans, par les diligences Laffite et Caillard. Vous prenez à 8 heures 25 du soir le rapide qui vous dépose à Marseille à 10 heures du matin, vous avez juste le temps de manger une bouillabaisse chez Roubion, si le cœur vous en dit, de donner un coup d'œil à la ville, si vous ne la connaissez pas, vous vous embarquez à quatre heures du soir et vous arrivez le surlendemain matin, au total : quatorze heures de chemin de fer et trente-six de bateau, — une simple promenade ! Encore n'est-ce pas le dernier mot de la vitesse. Les ministres qui ont présidé à l'inauguration du port ont fait la traversée en *vingt-sept heures* et, j'en suis certain, l'époque n'est pas éloignée où un jour suffira pour franchir les trois cents lieues qui séparent l'antique cité phocéenne de la ville des Thunes. On est académique ou on ne l'est pas !

Comme je crains toujours d'arriver en retard et que j'adore les coins dans les wagons, dès sept heures et demie j'étais à la gare de Lyon et dix minutes après, en possession du coin de mes rêves, j'avais procédé à ma toilette de nuit, c'est-à-dire que j'avais coiffé ma toque, chaussé mes pantoufles et allumé une énorme pipe destinée bien moins à satisfaire mes goûts de fumeur très modeste qu'à écarter de mon wagon toute la catégorie des gens qui redoutent ce parfum. J'ai remarqué que ce moyen machiavélique réussissait parfaitement et éloignait surtout les couples d'amoureux, agaçants avec leurs câlineries intempestives, et les familles flanquées d'enfants en bas âge, le comble du désagrément en chemin de fer.

D'après cette déclaration de principes ne me prenez pas, Mesdames, pour un odieux célibataire endurci dans le vice : je suis marié, père de famille moi-même ; mais en voyage, j'ai déjà bien assez de supporter mes enfants sans avoir encore l'ennui de ceux des autres.

J'étais donc bien tranquille dans mon coin, regardant à travers les nuages bleuâtres de ma pipe le tohu-bohu du départ, la presse des voyageurs qui arrivent suants, haletants, essoufflés, talonnés par la crainte de manquer le train, les loueurs d'oreillers ou de couvertures, les employés qui pointent les billets d'un air ennuyé, les marchands de journaux aux voix glapissantes... Je jouissais béatement de ce plaisir qu'on a d'être tranquille et bien assis...

... « Quand tout s'agite autour de vous. »

La cloche du départ avait sonné une première fois et je me félicitais déjà d'être seul dans mon compartiment lorsque soudain la porte s'ouvrit, un voyageur hors d'haleine se précipita, recula un peu devant tous mes bagages que j'avais savamment étalés sur les banquettes et me demanda fort poliment :

« — Pardon, Monsieur, serait-ce complet ? »

Sa parfaite courtoisie et sa voix qui avait des intonations suppliantes m'émurent tellement que je me laissai fléchir. Je répondis : « — Non, Monsieur, vous pouvez monter ! »

Mais voyez comme on abuse d'un moment de faiblesse ! Le misérable ne fit qu'un bond et, deux minutes après, ramenait à sa suite une kyrielle d'amis qui envahirent le compartiment et le comblèrent de leurs personnes et de leurs bagages. C'était bien la peine d'avoir combattu pendant près d'une heure, repoussé héroiquement des assauts répétés, résisté même à des dames, au risque de compromettre ma réputation de galanterie, pour arriver à un si piteux résultat ! Le Dieu des voyages me devait bien une compensation, il me l'accorda en me donnant de charmants compagnons qui non seulement furent de gais camarades de route, mais devinrent par la suite de véritables amis.

Nous n'étions pas en effet à Fontainebleau que les entendant parler tout le temps de chancellerie, mouvements judiciaires, arrêts et jugements, référés et délibérés, enfin le pathos des gens de justice, je flairai d'anciens collègues. J'échangeai ma carte avec celui qui m'avait abordé le premier et quelle ne fut pas ma surprise de lire : Pol Maynard, Juge au tribunal civil !

Mais je le connaissais, — presque intimement ! Je l'avais déjà vu, — au moins une fois... il n'y avait pas plus de deux ou trois ans chez un ami commun ! Il eut en lisant mon carton la même exclamation. Sur le champ il me présenta à ses camarades : Henry Kauffmann, également juge dans une bonne ville de Champagne et Me P... qui prend l'intérêt de la veuve et le capital de l'orphelin, je veux dire qui est avocat au barreau de Paris.

Les présentations faites en règle, la glace fut vite rompue. Ces Messieurs allaient comme moi à Tunis, sauf Me P.., qui s'arrêtait à Marseille : nous nous promîmes aussitôt d'excursionner de compagnie.

De notre voyage en chemin de fer, je dirai peu de choses : nous dormîmes très mal, mais nous fûmes très gais. C'est la nuit et à toute vapeur qu'on traverse la France et les noms des stations qu'on crie dans l'ombre vous arrivent comme en un rêve.

Je me rappelle seulement Dijon où je ne puis passer sans évoquer le souvenir des excellents amis que je possède dans cette ville et de mon baccalauréat que j'y ai subi, il y a... quelques années !.. Tiens, tiens ! en serais-je déjà comme les jolies femmes frisant la quarantaine, à dissimuler mon âge ?...

Je ne vous apprendrai rien de nouveau en vous disant qu'il pleuvait à Lyon : je ne l'ai jamais vu sous un autre aspect et si l'on a donné à Rouen le surnom de pot — de fleurs — de la Normandie, Lyon mérite bien celui de vase — étrusque — du Midi.

Avignon : dix minutes d'arrêt, buffet : c'est-à-dire que des marchands établis sur la voie vous débitent du café vaguement noir et des pains fourrés fort indigestes : Maynard, qui semble doué d'un bel appétit ne mange pas, — il dévore et en oublie de regarder la lourde tour du château des papes qui se détache à l'horizon.

Nous brûlons Tarascon, immortalisé par Daudet, traversons la Provence, cette avant-garde de l'Afrique et à dix heures vingt-cinq, nous entrions en gare de Marseille.

Là nous eûmes le regret de perdre Me P..., il bifurquait sur Aix où il devait plaider ; avec Maynard et Kauffmann, nous nous en fûmes à bord de la *Ville de Naples* qui remplaçait *l'Abd-el-Kader*. C'était une grande déconvenue pour moi. J'avais déjà voyagé plusieurs semaines avec son excellent et jovial commandant Bernardoni. Je me faisais une fête de le revoir et je jouissais déjà de sa surprise quand il me verrait apparaître... *Coquine de sort*, comme il disait, on ne serait pas triste !

Mais dans la vie et surtout en voyage, il faut être philosophe. Le capitaine Lefranc qui présidait aux destinées de la *Ville de Naples* avait du reste cette urbanité exquise qui semble l'apanage de tous nos marins.

J'étais accouplé avec un autre voyageur pour passer les deux nuits de la traversée dans la même cabine. C'est un peu dur quand on ne se connaît nullement et qu'on peut craindre le mal de mer. Avec une complaisance charmante, le commandant sur ma demande nous donna à chacun une cabine. Je ne puis m'empêcher de l'en remercier encore ainsi que le commissaire qui m'assista dans cette opération. N'oublions pas non plus cet excellent docteur aussi remarquable par sa jovialité que sa rotondité dont les soins me furent heureusement inutiles en dépit de notre mauvaise traversée.

Après avoir pris possession des deux mètres cubes qui constituaient dès lors ma demeure pour deux jours, je songeai à

« Réparer du *wagon* le réparable outrage ».

en me confiant aux soins d'un coiffeur.

Pour ne pas trop m'éloigner, j'avisai sur le port un modeste Figaro qui avait un *assent* marseillais des plus prononcés et qui, comme la plupart de ses confrères, était fort bavard. Je ne me trouvais pas depuis dix minutes dans sa boutique que je savais déjà qu'il était marié, père de deux enfants, Mireille et Agenor, récemment établi, originaire de Beaucaire avec un oncle à Cette dans les douanes et un cousin à Toulon naviguant à bord du *Formidable*. Puis il me conta tous les potins du quartier : le marchand de vin du coin n'était pas très bien dans ses affaires, et on avait surpris la femme du charcutier dans une conversation intime avec l'épicier, qui avait semblé louche à tout le monde.

J'essayais mais en vain d'arrêter ce flux de paroles, mais allez donc endiguer la verve d'un coiffeur, et marseillais encore !

Je me résignai tandis qu'il se livrait sur une tête à des travaux compliqués et bizarres qui allaient de la prosaïque coupe de cheveux au shampoing américain en passant par toute une série d'eaux aussi végétales qu'inutiles.

Et mon opérateur continuait toujours !... C'est ainsi que j'appris qu'il y avait le jour même à Marseille un concours auquel prenaient part *cent cinquinte* musiques françaises ou étrangères. « Commintg, mossieu, vous ne le saviez pas ! mais ce sera splindide ! bieng mieux qu'à Paris certainementg ! » La constante préoccupation des Marseillais m'a toujours paru d'enfoncer la capitale.

Pour la punition de mes péchés sans doute, j'avais à subir, outre la loquacité de mon Figaro, les feux roulants et croisés de deux sociétés musicales qui, logées au premier et au second étage de l'hôtel voisin, s'escrimaient à qui mieux mieux avant le combat.

Je sentais le désespoir m'envahir peu à peu quand un incident comique vint changer le cours de mes sombres pensées.

Un musicien, galonné d'or sur toutes les coutures. était entré pour se faire raser et avait été confié aux mains fort inexpérimentées d'un apprenti, l'*élève*, comme l'appelait fastueusement le patron. Après quelques passes savantes, il lui fit en pleine joue une formidable balafre. Le patient restait impassible.

— « Tiengs ! ça saigne, dit l'élève et d'un ton de reproche : vous avez donc une verruille ?

— Nong ! répond l'autre : té, je n'ai rieng senti !

— Ni moi nong plus ! riposte le raseur avec un grand sang froid. »

A cette phrase homérique, je ne pus retenir un franc éclat de rire. Mon opérateur par esprit de corps se crut obligé de m'expliquer la réponse de son *clerc* (sic). « Il n'a pointg voulu dire, Mossieu, qu'il n'a rieng senti corporeillement, mais qu'il n'a pas senti la verruïlle. C'est ung rieng, ung petit boutong imperceptible que le musicieng a dans la barbe et qui a été ung peu écorché ».

Je vis le moment où ce serait le client qui aurait tort, sa verrue ayant endommagé la réputation de la maison. Lui cependant ne soufflait mot, honteux de son bobo, la face barbouillée d'un sang noir qui se mêlait à la mousse du savon.

La scène était si drôle que je me tordais littéralement et que je fus bientôt suivi dans cet accès de fou rire par le patron, le clerc et même la victime. Les deux opérateurs avaient déposé leurs rasoirs pour se tenir les côtes : ça devenait épileptique. Heureusement, mes embellissements capillaires étaient terminés ; comme on s'en était remis en fait d'honoraires à ma générosité, je donnai vingt sous qui me valurent des saluts prolongés et un bout de conduite jusqu'à la maison de la charcutière volage.

Mais je n'en avais pas fini avec mes surprises dans cette bonne ville de Marseille. J'avais résolu pour achever de me remettre de mes fatigues de la nuit de prendre un bain. Un bain d'eau douce à Marseille, un jour de fête, il y a vraiment des gens qui ne doutent de rien ! J'allai donc frapper inutilement à deux ou trois établissements de ce genre : tout était fermé et dans les boutiques, marchands de vin, bazars, débits de tabac où je demandais une adresse, on me regardait avec une certaine méfiance qui signifiait clairement : Quel est donc cet original qui veut se baigner quand tout le monde va au concours de musique. Il est donc bien sale ou nourrit-il des pensées sinistres? — Et je rougissais instinctivement sous le poids de cette double conjecture.

Je finis cependant, après pas mal de recherches, par dénicher un établissement à peu près ouvert. L'unique garçon, étonné de voir un client un pareil jour, et furieux d'être à la peine alors que ses camarades étaient au plaisir, m'accueillit d'assez mauvaise grâce. Sans prendre garde à ces bagatelles de la porte, je vins à bout de lui faire préparer un bain et je me plongeai voluptueusement dans les ondes de ma baignoire en marbre blanc. Pour en corriger un peu la fraîcheur, je laissai à demi couler le robinet d'eau chaude et... je m'endormis dans un doux bien-être. Combien de temps? Je l'ignore, mais quand je me réveillai, j'étais à demi cuit, l'eau m'arrivait aux lèvres et, débordant de ma baignoire, en faisait un petit Niagara. Ma cabine était un lac sur lequel mes souliers, transformés en bateaux, voguaient fièrement : mes chaussettes, loques infâmes et sans nom, gisaient çà et là et mon pantalon prenait un bain de pieds consciencieux.....

D'un coup d'œil je mesurai l'étendue du désastre et, avec le sang-froid que commandent les situations périlleuses et qui fait les grands capitaines, je pris aussitôt les mesures propres à le réparer : j'arrêtai le robinet d'eau qui coulait toujours, je sautai hors de ma baignoire dont l'eau revint alors à un niveau convenable et commençai à repêcher mes effets. Ce ne fut pas chose facile de remettre mes chaussettes qui n'avaient plus un fil de sec et de renfiler mes bottines faisant eau de toutes parts et fort rétrécies. J'y parvins cependant après une lutte acharnée et je sortis de ma cabine comme un Dieu marin, un peu plus habillé mais aussi ruisselant. L'eau avait coulé sous la porte et formait une petite rivière, ce qui ajoutait encore à l'illusion. Le garçon et la fille de service se disposaient à entrer, croyant à un malheur ; ils me regardèrent d'un œil méfiant en chuchotant entre eux.

Je sentais que je devenais suspect : je me hâtai de m'enfuir pour me sécher un peu et j'arrivai à la Cannebière où des agents de police faisaient faire la haie pour le défilé des musiques. Bons enfants, ces agents, et connaissant leur monde : « Allons, Pacôme, serré-toi doncque, qué diable !... » et à une grosse femme aux formes exubérantes : « Té, la mamang, rentrez vos accessoires dans le rang ! » A quoi la commère de répondre sans se déconcerter : « Quesaco, mon pichoun, tu ne t'en es pas toujours plaintg ! » Et la foule de s'esclaffer.

Les tramways voulaient marcher quand même en dépit de cette foule humaine. « Arrêté doncque, crie un portefaix au cocher, tu vas écraser les musiciengs ! » Et le public de hurler : « On va écraser les musiciengs ! » — Devant le courroux populaire, les tramways cédèrent et les musiciens furent sauvés !

J'emboîte le pas derrière la fanfare de Rocavida et l'harmonie de St-Ferréol, et, comme je suis à côté d'une bannière verte en haut de laquelle tintinnabulent des médailles, j'ai l'air d'être un de ces membres honoraires dont chaque corps de musique est accompagné. Malheureusement mes parties inférieures sont toujours humides et j'entends les spectateurs répéter sur mon passage : « Tiengs ! pourquoi ce monsieur a-t-il pris un baing de pieds avec sa culotte ? » J'y jette un regard furtif. Horreur ! mes bottines ont déteint en noir sur mon pantalon clair. C'est affreux ! Je suis d'autant plus navré que c'est mon unique haut-de-chausses. Par bonheur le défilé me rend une douce gaieté.

En tête, la musique municipale de Turin dont les exécutants, tout de noir habillés et galonnés d'argent, ressemblent à des employés de pompes funèbres qu'on aurait affublés d'un casque en cuir bouilli. Ils s'arrêtent devant la préfecture pour jouer la Marseillaise et ces bons méridionaux qui n'ont pas de rancune, crient à pleins poumons : Vive l'Italie !

Derrière eux, suit le flot des autres Sociétés : plus de trois mille musiciens venus de tous les points de la France dans les costumes les plus variés. Des fanfares de pompiers à l'aspect plus ou moins militaire ; d'autres n'ayant que la casquette traditionnelle ; des musiques villageoises dont les directeurs ont arboré des redingotes un peu vieillotes et des gibus de l'autre monde ; des orphéons de grandes villes sous la conduite de graves monsieurs en habit noir et en cravate blanche. Tiens ! ceux-ci en vert des pieds à la tête, on dirait des perroquets échappés de leurs perchoirs et ceux-là, semblent voués au bleu et au blanc. Et toujours il en passe ! Voici des corps de fashionnables et des sociétés sans façon dont les membres ont piqué sur leur képis des roses multicolores ou des singes en peluche. La grosse caisse éreintée du poids de son instrument avait eu l'heureuse idée de le charger sur le dos d'un robuste porte-faix fier d'un tel fardeau : il se croit sans doute un artiste parce que son cornac frappe à tour de bras sur l'instrument qu'il porte.

Le plus joli, c'est que toutes ces musiques jouent à la fois et chacune, un air différent. Il en résulte une cacophonie qui fait hurler les chiens, mais ne semble pas déplaire au public. Tous ces méridionaux soufflent désespérément dans leurs trombonnes ou dans leurs ophicléides en roulant des yeux hagards, marchant au pas de charge, comme s'ils montaient à l'assaut. C'est le Midi qui se lève !... contre nos oreilles ! et, quante le Midi, il se lève, troun de l'air, c'est comme le sirrocco ou une nuée de sauterelles... ça ravage tout sur son passage !

Derrière roule une foule immense, émerveillée, enfiévrée, débordante d'enthousiasme,avec un vague parfum d'ail ; des grisettes marseillaises provocantes avec leurs grands yeux noirs et leurs accroche-cœurs à l'Espagnole, des figures zébrées de moustaches énormes, des têtes de corsaires ou de vieux forbans qui appartiennent à de pacifiques bonnetiers ou à des pharmaciens en rupture de bocaux, Bravida ou Costecalde quelconques, de corpulentes matrones, des familles avec des smalas d'enfants bruns comme des taupes, des nourrices flanquées d'inévitables tourlourous, de jolis monsieurs, trop bien frisés, cravatés de rose, — la marée de Marseille ; des ouvriers du port et des matelots de tous les pays. Un monde délirant et légèrement en goguette !

Que j'aurais voulu étudier plus longtemps ce peuple du Midi, qu'a si bien dépeint Daudet dans ses romans : mais le temps presse, il est trois heures, à quatre le bâteau part : il ne s'agit pas de le manquer. Je cours au quai de la Joliette et j'ai juste le temps d'envoyer à ma famille quelques mots d'adieux.

Le départ d'un steamer est toujours curieux : les passagers se pressent comme des moutons rentrant à la bergerie ; les porteurs de malles, de caisses s'entre-croisent, se heurtent, jurent comme des possédés, quand ils ne jettent pas à terre leurs fardeaux pour en venir aux mains ; des bandes entières d'amis, de parents accompagnent les partants, encombrent le pont et gênent la manœuvre. Les sifflets des officiers jettent leurs notes aiguës, la cheminée de la machine à vapeur sous pression lance dans l'air son épaisse fumée noirâtre.

Cependant l'heure fatale a sonné : on fait sortir les intrus, on enlève la passerelle ; à quatre heures précises, la cloche tinte et le bâteau, libre de ses amarres glisse doucement sur les flots comme un oiseau qui prend sa volée...

C'est le moment émouvant : les mouchoirs se déploient, les chapeaux s'agitent, les adieux s'entre-croisent, de ci de là, des larmes, et toujours il y a quelque incident comique : un chapeau qui tombe à l'eau, un passager en retard qu'on est obligé de repasser avec le canot, comme ce lieutenant de zéphyrs qui faillit manquer le coche et ne parvint à nous rattraper qu'à force de rames...

La rade de Marseille est superbe : une forêt de mâts s'étale à droite et à gauche, la ville s'étage en pentes douces, en bas sa nouvelle cathédrale élève ses deux tours byzantines, à gauche Notre-Dame de la Garde dominant la cité, plus loin le chateau d'If sur son rocher : c'est merveilleux quand un soleil resplendissant dore les flots bleus de la Méditerranée. Malheureusement le temps est gris et couvert, la mer, houleuse et sombre.

En descendant à la salle à manger je ne suis pas rassuré en voyant qu'on a mis les tiroirs. Ils remplacent les anciens *violons* ; ce sont des petites cases où sont pris les verres, les plats, les assiettes et dont on ne se sert que quand on prévoit *qu'on va danser*. Mes craintes se changent en certitude lorsqu'à cinq heures on sonne le dîner. On *roule* abominablement. Peu à peu les convives s'éclipsent discrètement avec une précipitation qui ne laisse aucun doute sur les affres de leur estomac. Nous restons cinq ou six seulement : je monte sur la dunette fumer un cigare : mais le ciel est noir, le temps froid. Où sont ces splendides soirées si douces pour la rêverie, tandis que la lune baigne de sa blonde lumière les flots argentés !... Berr ! on gèle ! Et je me couche à huit heures.

Mardi 23 mai. — Toute la nuit, la mer a été mauvaise : un roulis atroce me ballotte dans mon étroite couchette. Mes vêtements, mes brosses, mes objets de toilette dégringolent à qui mieux mieux : on entend partout les soupirs étouffés, les onomatopées caractéristiques des malheureux qui paient à Neptune un tribut forcé. Le bateau craque de tous ses membres, la machine pousse des *aban* lugubres comme un ouvrier qui fend du bois. Je dors assez mal : par bonheur les cabines sont maintenant éclairées à l'électricité et l'on ne reste plus comme autrefois, plongé dès dix heures du soir dans cette obscurité qui augmentait encore le malaise.

A l'aube, je me lève et je monte sur le pont pour assister au lavage du bateau par les matelots de service. Personne : la mer continue à être houleuse, le vent très fort, le ciel, désespérément gris. Et le navire roule toujours, avec cet agrément en plus que le tangage est venu s'ajouter au roulis. Il en est ainsi toute la matinée : aussi le déjeuner est une déroute. A peine reste-t-il quelques intrépides : le commissaire du bord n'a même pas le cœur bien solide et je m'assieds à table sans prendre part au repas, ce qui m'attire les lazzis du docteur. Lui mange comme quatre et blague sans pitié mon inappétence ainsi que mon costume. Mon unique pantalon restant zébré de noir, j'ai été obligé de le donner au garçon pour le dégraisser et de mettre ma culotte de cheval avec des bottes. On se demande pourquoi ce costume à bord d'un navire et si je vais enfourcher quelque monstre marin.

. . . .

Le temps se passe sans grande amélioration. Nous sommes en vue des côtes de Sardaigne : à trois heures, nous passons entre ces rochers déserts qu'on appelle le Taureau, la Vache et le Veau. En dépit de cette mauvaise mer, nous n'avons pas perdu de vitesse et le maître d'hôtel, pour nous rendre du courage, nous assure que dans douze heures nous serons à la Goulette.

La journée s'écoule ainsi, lente et vide. Je n'ai le courage ni de travailler ni même de lire. Je vais prendre des nouvelles de mes amis Maynard et Kauffman, que je n'ai pas vus depuis hier soir, et qui restent dans leurs cabines comme des escargots dans leurs coquilles. Ils ne vont pas trop mal, et Maynard, qui en est à sa première traversée, supporte courageusement cette épreuve assez rude. J'erre mélancoliquement sur le pont et je fais un brin de causette avec deux bons gendarmes qui mènent au bataillon d'Afrique, des condamnés ou des insoumis. Ils ont l'air assez penauds, ces malheureux, assis sur les cordages : l'aspect de renards pris au piège. Seul l'un d'eux, — un fricoteur de la plus belle espèce — en prend assez gaiement son parti : il me conte même qu'il va à la compagnie de discipline... par convenance, ce qui me semble d'une exagération méridionale. S'il n'est pas Marseillais, le gaillard mérite de l'être.

Le dîner ne ramène guère plus de convives et la soirée se passe aussi tristement que la veille.

CHAPITRE II

Arrivée à la Goulette. — La côte Tunisienne. — Entrée triomphale à Tunis. — De Pilate à Hérode. — Mon billet de logement chez Sidi Béchir-Ben-Béchir. — L'intérieur d'une maison tunisienne. — Ma chambre. — Je retrouve Maynard et remercie Allah. — Vive la mnémotechnie ! — Nous sommes menacés de coucher à la belle étoile. — Une Ariane en culotte rouge.

Mercredi, 24 mai. — Notre deuxième nuit sur la *Ville de Naples* n'a guère été meilleure que la précédente : je finis cependant par m'endormir et, quand je me réveille vers trois heures du matin j'aperçois par le hublot les vagues lueurs du jour.

Montons sur le pont. Hurrah ! ..... nous sommes en face de la côte d'Afrique qui n'apparaît encore que comme une masse indécise. La mer est aussi calme qu'elle était houleuse : peu à peu le soleil se dégage de la brume, son disque d'un jaune pâle s'arrondit, dore l'horizon et les flots qui ont maintenant repris leur belle teinte d'azur ; des barquettes de pêcheurs aux voiles triangulaires cinglent de toutes parts vers la haute mer, comme un vol de mouettes ; notre bateau dont on a ralenti la vitesse pour ne pas arriver avant l'heure réglementaire glisse doucement, laissant derrière lui un sillage d'argent...

2.

La côte se dessine de plus en plus : voici les blanches maisons de Sidi-bou-Saïd dégringolant le long d'une verdoyante colline, les tours de la cathédrale de Carthage, les villas à terrasse de ces plages charmantes qu'on appelle la Marsa, le Kram, Kérédine, la Goulette. De l'autre côté Rhadès perdue dans un fouillis de verdure, Hammam-lif paresseusement couchée au pied du Bou Kornine, le Zaghouan élevant dans le fond sa cime grisâtre.

Les voyageurs ont oublié leurs malaises et apparaissent sur le pont comme des oiseaux qu'a dispersés l'orage et que rassure le beau temps.

Encore quelques tours d'hélice et nous arrivons dans le port. La passerelle est mise, la chaloupe qui doit nous conduire à terre accoste déjà le bateau : nous avons juste le temps de faire nos adieux aux officiers et de nous y entasser, serrés comme des harengs dans une caque, au milieu des valises, des sacs et des malles...

A peine sommes-nous débarqués que de noirs portefaix se disputent à qui mieux mieux l'honneur — et le profit — de porter nos bagages : mais il ne me semble plus que ce soient ces assauts homériques que l'on subit en Egypte ou à Jaffa, ou peut-être je me familiarise avec ces habitudes orientales ?

. . . .

Après avoir satisfait à la visite très sommaire de la douane tunisienne qui contraste singulièrement avec les tracasseries de notre administration française, j'emboîte le pas derrière le robuste indigène qui, non content de ma lourde valise, s'est encore affublé de deux ou trois énormes sacs d'un autre voyageur. Il porte sur son dos cette charge écrasante au moyen d'une courroie fixée à ses tempes, comme le joug de nos bœufs de labour,et il marche allègrement d'un pas que nous avons peine à suivre. Dans l'espoir d'un double pourboire qui lui permettra de passer le reste de la journée sans rien faire, il chantonne et rit d'un large rire qui découvre ses dents blanches, sans paraître se douter qu'il a une centaine de kilos sur les épaules.

Le train ne part que dans une heure : pour ne pas l'attendre, nous frétons une voiture qui nous mène à Tunis en cinquante minutes.

Nous y entrons par la porte Bab-el-Khadra si pittoresque et si mouvementée : c'est en effet la porte où aboutissent les routes de la Goulette, du Bardo et de Bizerte, où chaque matin, se pressent les marchands de fruits ou de légumes qui alimentent Tunis.

A sept heures, notre cocher nous arrête devant le Grand Hôtel, mon compagnon de route y descend et moi je continue avec mes bagages jusqu'à la Résidence pour prendre langue et savoir où se trouve le logement que me promet ma carte d'invitation.

A cette heure matinale, tout dormait encore : je ne rencontrai qu'un zouave en faction qui d'abord croisa la baïonnette et finalement, sur mes instances, me conduisit au caporal chef de poste. Celui-ci m'adressa au portier, qui me transmit aux cawas, lesquels se renvoyèrent successivement ma personne les uns aux autres. Balloté comme une épave d'Hérode à Pilate, j'errais mélancoliquement dans les couloirs sans me décourager et je finis par échouer piteusement, sans être plus renseigné, à la mairie qu'on appelle à Tunis la Municipalité. Aucun employé ne se trouvait encore là : il n'était pas huit heures ! Heureusement un secrétaire, monsieur Boisson, ne tarda pas à venir. Je lui exposai mon cas et mon découragement. Il me réconforta et m'adressa à l'un des commissaires des fêtes dont la maison était heureusement à deux pas. C'est là que je reçus mon billet de logement chez Sidi Béchir-ben-Béchir, un riche tunisien qui avait mis sa maison à la disposion du comité pour les nobles étrangers.

Rassuré désormais sur mon sort, je reviens chercher mes bagages. En route je rencontre un de mes bons amis habitant Tunis, monsieur H..., qui très aimablement se met à ma disposition pour m'accompagner avec un interprète jusqu'à la demeure de mon hôte.

Elle n'est pas précisément tout près, la maison de Béchir-ben-Béchir ! Nous enfilons d'abord de belles avenues, larges et plantées d'arbres mais qui n'en finissent pas, puis une série de ruelles étroites qui me font faire une légère grimace. En voiture, c'est parfait mais comment ne pas m'égarer dans ce labyrinthe, quand je rentrerai seul la nuit à mon logis ?

Je songe à me camper au Grand Hôtel qui, s'il n'est pas gratuit, est au moins situé en plein quartier français : cependant la pensée de pénétrer dans un intérieur indigène me soutient et je poursuis ma route.

Nous arrivons enfin près d'une maison à un seul étage et dont la façade blanchie à la chaux est percée de rares fenêtres peintes en vert. Son apparence, comme les habitations tunisiennes, même les palais les plus somptueux, est assez modeste, mais quel enchantement nous attend à l'intérieur !

Nous montons par un escalier de marbre jusqu'à un frais atrium cloisonné de faïences d'un aspect charmant. Le nègre qui nous introduit disparaît pour aller prévenir son maître de mon arrivée. Sidi Béchir-ben-Béchir se présente quelques minutes après : un bel homme d'une quarantaine d'années, grand et majestueux. Il nous apparaît dans la splendeur de son costume oriental : un turban de mousseline rayé d'or d'où s'échappe l'énorme gland bleu retombant sur l'épaule à la mode tunisienne, encadre bien sa figure bronzée : il porte une longue gandourah de soie brodée, d'une éclatante blancheur. Ah ! comme nos feutres mous, nos jaquettes et nos pantalons semblent étriqués et hideux à côté.

Mon hôte me reçoit avec une courtoisie exquise, — mimiquement,— car hélas ! il ne parle pas français et j'ignore le premier mot d'arabe. Par bonheur mon interprète est là. Me rappelant les formules imagées de l'Orient, je lui fais dire que par la grâce de Dieu — et la décision de la Municipalité — j'ai l'honneur de loger chez lui pour la durée des fêtes et que je prie Allah de répandre ses bénédictions dans cette demeure où j'entre pour la première fois. Cette formule que j'avais lue pour être la phrase consacrée et, qui était peut-être plus qu'archaïque, semble le combler de joie. Il me répond par mon trucheman que je suis l'Envoyé du Ciel et que sa maison est à moi. Puis nous nous perdons en une longue suite de salamalechs, decompliments, de congratulations, mais comme tout a une fin ici-bas, j'arrive à pénétrer dans mon appartement.

L'heureuse surprise de trouver au lieu du logement banal de l'hôtel, une chambre magnifique où le confort européen se marie au luxe oriental! Très spacieuse, haute de quatre à cinq mètres, les murs entièrement recouverts de ces faïences polychromes qui entretiennent la fraîcheur et remplacent avantageusement nos plus riches papiers. En haut court une frise nuancée de teintes douces et harmonieuses et le plafond peint à fresques rappelle les décorations riantes de l'Italie.

Dans un angle, un lit de fer s'élève en dôme, entouré de son moustiquaire de mousseline transparente. On retrouve aux portes, aux fenêtres ces mêmes rideaux de mousseline, si frais et si légers, s'échappant en blanches envolées des baldaquins bouton d'or. Il n'y a que les Arabes pour avoir d'instinct une telle science de couleurs. Malheureusement des meubles européens — secrétaire, table de nuit, lavabo, bibliothèque, chaises et canapé, en acajou et forme empire, — détonnent dans cet ensemble.

C'est peut-être plus commode, mais combien j'aurais préféré, — pour la couleur locale — de simples nattes, des coussins, quelques bahuts indigènes et surtout ces charmantes petites tables pour prendre le café, incrustées de nacre, que par un contraste étrange on ne retrouve que dans les salons plus ou moins orientaux de Paris.

J'ai réservé pour la fin le plus bel ornement de ma chambre : la fenêtre. Quelle belle vue ! Tunis, presque entière se déroule sous mes yeux avec ses terrasses dorées par le soleil, ses coupoles en tuiles vertes de Nabeul, ses mosquées dont les minarets s'élancent dans les airs aussi légers que les flèches les plus sveltes de nos cathédrales gothiques. Plus loin le lac avec son encadrement de montagnes, les blanches maisons de la Goulette et dans le fond la mer. Cette mer dont on ne peut se lasser d'admirer les merveilleuses teintes bleues et au delà de laquelle on devine la patrie. C'était féérique ! Que de fois, dans mes moments de paresse, je suis venu m'accouder à cette fenêtre et oublier les heures devant ce splendide décor naturel qui semblait agencé pour le plaisir des yeux !

Je témoignai mon admiration à mon hôte qui en parut heureux et fier.

Une autre surprise non moins agréable m'était encore réservée.

Au moment où je m'installais dans ma chambre, un nouveau garnisaire arrivait et quelle ne fut pas ma joie de reconnaître l'ami Maynard non moins satisfait que moi de la rencontre. Il s'effrayait fort de l'éloignement de ce logement en plein quartier arabe et je comprenais d'autant mieux son appréhension que débarquant pour la première fois en Tunisie, il était encore dépaysé par tout cet exotisme.

Nous tombâmes dans les bras l'un de l'autre avec une effusion bien sincère. Le bon Béchir-ben-Béchir, dans sa gravité d'oriental, demandait avec de grands yeux interrogateurs ce que cela voulait dire : nous le lui expliquâmes et il en fût aussi ravi que nous. Je remerciai de nouveau Allah qui transformait sa maison en un temple de l'amitié. Je m'embrouillai dans quelques métaphores alambiquées dont mon interprète se tira comme il pût, et nous nous séparâmes enchantés les uns des autres.

Monsieur H..., qui avait eu la patience de m'attendre me reconduisit à pied jusqu'à l'avenue de France pour mieux m'expliquer la topographie de mon logis. On prend d'abord la rue du Fleuve, puis ou débouche dans la rue de la Rivière que suit la rue des Femmes. De là nous tombons sur l'avenue de Bab-Djedid desservie par un tramway jusqu'à la porte de France. C'est bien simple et l'excellent Monsieur H..., essaie de me donner un moyen mnémotechnique pour retrouver ma route : « Sur le boulevard, on trouve beaucoup de *femmes*, pour lesquelles on achète des *rivières* de diamants ; on se ruine, et il ne reste plus qu'à se jeter dans le *fleuve.* » Mais j'ai peu de dispositions et je m'embrouille dans ces méandres artificiels de la mnémotechnie, aussi tortueux que les rues de Tunis ; je préfère m'en remettre, pour le retour, à ma bonne étoile et surtout aux cochers qui peuplent l'avenue de France.

. . . .

Il est midi quand j'arrive au café Angelvin qu'on m'a recommandé comme le meilleur restaurant : mon estomac crie famine et pour combler le déficit de deux jours de mer, je m'offre un déjeuner substantiel : des huîtres fort bonnes, mais un peu petites, un chateaubriand aux pommes, des petits pois et une de ces cailles d'Afrique si savoureusement grasses : j'arrose mon repas d'un vin blanc indigène, exquis, mais trop capiteux. Aussi ma simple demi-bouteille suivie d'un café légèrement additionné de cognac m'occasionne un violent mal de tête. La chaleur est très forte. Je prends le tramway et je rentre prosaïquement me coucher dans un bon lit qui me fit tellement oublier la couchette et le roulis de la *Ville de Naples* que je ne me réveillai qu'à sept heures du soir, juste à temps pour dîner.

J'ai passé ma soirée à écouter un concert donné en plein air à la lueur des torches par une excellente musique. La lune éblouissante de clarté se détachait sur le bleu sombre du ciel moucheté d'étoiles et disparaissait de temps à autre derrière le rideau de gros nuages qui se découpaient nettement et marchaient très vite comme dans un décor de féerie.

Il y avait illumination aux Souks. Les Souks sont ces bazars qu'on ne retrouve plus guère qu'au Caire et à Constantinople, où se groupent par corporations les principales industries de la ville : bouchers, épiciers, cordonniers, tailleurs, selliers, parfumeurs, armuriers... Le jour, c'est une fourmilière : la nuit, ces voûtes basses, éclairées par des milliers de verres de couleurs, ces enfilades de girandoles s'entre-croisant dans mille détours pittoresques, prolongeaient la vue à l'infini, donnant l'illusion des cryptes d'un cloitre immense, illuminé pour quelque nuit de Noël fantastique.

Partout retentissaient les sons plaintifs de la flûte arabe se mêlant aux notes sourdes de la derbouka, dans ce rythme monotone qui plait tant aux Arabes et qui est empreint d'un charme mélancolique.

Pour entendre à mon aise cette musique de la rue, je m'étais accoudé contre l'étalage d'un marchand de tapis. Selon l'habitude, il s'empressa de m'offrir un siège, une tasse minuscule de ce café arabe brûlant et parfumé.... et ses bons offices. Je le laissai dérouler ses étoffes chatoyantes, étaler ses armes damasquinées, me faire l'article à son aise et je partis sans avoir pris autre chose que sa tasse de café et un prospectus.

A dix heures nous rentrions, Maynard et moi, profitant du dernier tramway, passablement fatigués : mais nous n'étions pas au bout de nos peines. Ça alla bien tant qu'il n'y eut qu'à se laisser conduire par la voiture municipale mais, une fois livrés à nos propres forces, ce fut une autre histoire.

J'avais beau répéter à mon compagnon la phrase sacramentelle de Monsieur H : « Sur le boulevard on trouve des femmes à qui on donne des rivières de diamants, ce qui vous conduit à piquer une tête dans le fleuve. C'est infaillible ! », je confondais tout : il nous était impossible de trouver cette fameuse rue des *femmes*, la clef de voûte de la phrase.

Nous étions absolument perdus dans ce dédale d'impasses, de rues et de ruelles qui se ressemblent toutes.

En vain nous essayons de nous faire comprendre de quelques indigènes attardés dans un café maure, en vain je dis sur tous les tons : « Béchir-ben-Béchir... rue Abd-el-Oitheb » tandis que Maynard confirme mes demandes en répétant à chacun : « Vous comprenez ? nous demeurons chez Monsieur Béchir dans la rue Abd-el-Oitheb ? ... » La prononciation n'y est pas sans doute, nos interlocuteurs nous regardent d'un œil interrogateur, hochent gravement la tête et restent impassibles.

Nous évoquons l'horreur d'une nuit blanche passée dans la rue et Maynard se voit déjà sous le coup d'une inculpation de vagabondage. Heureusement un caporal de zouaves attardé vint à passer et, jouant pour nous le rôle d'une Ariane en culotte rouge, il nous remit en bonne voie et ne nous quitta qu'à la porte de ce fameux n° 31, de la rue Abd-el-Oitheb où nous arrivâmes éreintés et tombant de sommeil.

CHAPITRE III

Flacons Fin de Siècle. — Un cocher indigène. — Les espérances de deux horizontales. — Courons au devant des ministres ! — Le débarquement à Tunis. — Un souvenir à Jules Ferry. — La fête foraine et ses splendeurs. — La tente des Ouled-Naïl. — Une lorgnette suspecte. — Pardonne-nous, ô Delacroix ! — Karagouz, le Polichinelle Arabe. — La fête aux jardins de la Compagnie Bône-Guelma.

Jeudi, 25 mai. — Nous avons dormi merveilleusement après les deux nuits assez agitées de la traversée. Nos lits sont excellents et du reste notre hôte a pour nous toutes les prévenances. Tenez ! un détail intime mais bien typique, montrera jusqu'où peut aller cette hospitalité plus qu'écossaise.

J'ai trouvé ce matin sur ma table de toilette symétriquement aligné en rang de bataille un régiment de fioles, de bouteilles d'essences, d'odeurs pour la tête, la bouche, le mouchoir, des savons de toutes nuances, des brosses, des peignes de tous les calibres, flambants neufs et comme, sans doute notre hôte avait recommandé d'acheter ce qu'il y avait de plus nouveau, tous ces parfums portaient des étiquettes où les mots magiques « FIN DE SIÈCLE » se détachaient en lettres d'or sur des reproductions coloriées de l'ancienne Revue du Gymnase.

J'hésitai un instant à m'en servir, puis songeant que cette abstention pourrait paraître dédaigneuse, je débouchai les flacons et je m'inondai consciencieusement des essences les plus variées.

Je me disposais à sortir avec Maynard quand Léon, le domestique français spécialement attaché à notre service, nous annonça notre déjeuner. Quelques instants après, un nègre fort décoratif déposait sur la table de marbre de la salle à manger un plateau d'argent où fumait un chocolat mousseux flanqué d'une respectable pyramide de biscuits tendres et parfumés. Nous faisions honneur à cette collation quand Béchir-ben-Béchir nous prévint galamment que sa voiture était à notre disposition.

Nous nous hâtons de terminer notre déjeuner et nous trouvons sur le pas de la porte notre hôte qui nous attendait. Après les salamalechs d'usage, il nous invite à monter dans une élégante victoria très correctement attelée de deux magnifiques alezans et conduite par un jeune cocher arabe dont le costume pittoresque relevait encore la bonne mine. Des culottes blanches bouffantes s'arrêtant au-dessous du genou et laissant voir un mollet nerveux et bien pris : des babouches citron : un gilet jaune emprisonné par une veste rouge surchargée de broderies capricieuses et un cafetan brun à capuchon soutaché de noir avec des tresses d'argent. Sur la tête, l'inévitable fez à gros gland. Cela ne valait-il pas nos livrées et l'horrible chapeau haut de forme !

Notre hôte nous força à prendre les deux places d'honneur du fond et s'assit modestement sur le strapontin. Puis sur un signe les deux chevaux s'enlevèrent à la fois, avec des ébrouements, des hennissements, et secouant leurs longues crinières, filèrent à travers ces rues étroites et mal pavées avec une vitesse qui nous donnait quelques craintes.

Nous nous arrêtâmes en cet équipage au café Angelvin où notre arrivée causa une légère sensation. Les garçons nous servirent avec une attention marquée, heureusement l'addition ne s'en ressentit pas.

Le restaurant est comble ; tout le demi monde tunisien et algérien est sous les armes. Ces dames ont arboré des toilettes conquérantes.

J'entends à la table voisine deux *tendresses* échanger leurs espérances.

— « Songe donc, ma chère, il paraît qu'il arrive quatre-vingts députés !

— Quatre-vingts, interrompt un consommateur, c'est trois cents que vous voulez dire ! »

Et la malheureuse abusée de répondre naïvement : — « Trois cents ! ah ! nous n'y suffirons jamais ! »

Ça me rappelle les mots légendaires de nos soldats écrasés par les Allemands : Ils sont trop !

— « Et encore, ajoute le facétieux interlocuteur, je ne parle pas des sénateurs !

— Oh ! les sénateurs ! dit la plus jeune avec une petite moue de dédain.

— Tu as tort, Anita, riposta sa compagne : les sénateurs sont plus sérieux que les députés : on dit que ce sont eux qui font un sort aux actrices de Paris.

— Paris ! Paris ! soupira la langoureuse Anita, j'accepterais bien pour y aller deux ou trois sénateurs, pourvu qu'ils ne soient pas trop vieux ! »

. . . .

Les ministres devaient débarquer dans l'après-midi : dès une heure une foule bariolée d'indigènes, d'Européens, de militaires, de vulgaires *pékins* dégringole de la ville arabe et roule vers le Port. Je suis le flot populaire avec un de nos compagnons de traversée, Me Dutemple, un grave avoué, causeur aimable et peintre distingué qui charme par les beaux-arts les loisirs que lui laisse la procédure.

De tous côtés débouchent des troupes qui prennent position sur l'Avenue de la Marine.

Voici, tambours, clairons, et musique en tête, les deux bataillons de zouaves qui forment la garnison de Tunis. Ce ne sont plus les vieux zouzous d'autrefois : ils ont cependant conservé une allure bien martiale, ces jeunes gens dont beaucoup sont encore imberbes. De ci de là, apparaît dans les rangs quelque vieux chacal chevronné, le cuir basané, avec une barbe de fleuve descendant sur la poitrine.

Puis des pelotons de corps spéciaux: les infirmiers aux épaulettes virginales ; les ouvriers militaires, les commis d'administration, le képi recouvert de la coiffe blanche ; le génie dans son uniforme sombre rayé de rouge. On a tout mobilisé pour la circonstance jusqu'a ces braves tringlots qui, abandonnant momentanément leurs voitures, s'en viennent tranquillement à pied, le mousqueton sur l'épaule, soulevant autour d'eux avec leurs grosses bottes, des nuages de poussière.

Avec leurs claires sonneries si pimpantes et si gaies, les Chasseurs d'Afrique défilent au trot sur leurs petits chevaux arabes : tandis qu'un roulement sourd et prolongé nous annonce le passage de la batterie d'artillerie qui doit saluer de ses salves l'arrivée des ministres.

Puis, c'est le général Leclerc, commandant le corps d'occupation, entouré de son état-major dont les broderies étincellent au soleil et son escorte de spahis, enveloppés dans leurs burnous, le fusil au poing.

Et nos braves gendarmes que j'allais oublier ! Les gendarmes, ces héros de toutes les fêtes ! Mais hélas ! ils n'ont pas la culotte de peau, et le simple képi remplace le majestueux bicorne. Un gendarme sans bicorne ! Est-ce encore un gendarme ?

Toute la police est sur pied pour maintenir le bon ordre : on ne rencontre que des escouades de sergents de ville français et tunisiens, en vareuse bleue et pantalon blanc, distingués seulement par leur coiffure et leur armement. Les premiers portent le casque d'étoffe blanche et le revolver en sautoir; les seconds, le fer rouge et l'antique briquet.

Des gendarmes indigènes dans leur sombre uniforme oriental parcourent l'avenue au grand galop, portent des ordres et essaient de faire ranger la foule.

A moitié de la nouvelle avenue du Port s'élève un arc de triomphe formé de deux mâts de hune. Ils sont reliés par des cordages sur lesquels flottent des pavillons de toutes couleurs. Au pied, de chaque mât, quatre pièces de canon allongent leur gueule de bronze au milieu de la verdure.

Nousallons, Dutemple et moi, nous placer sur le débarcadère et nous nous mêlons aux autorités municipales et administratives dont les représentants ont pour l'occasion coiffé des gibus et endossé des habits noirs qui font tache au milieu de ces costumes chatoyants.

Cependant le *Général Chanzy* est signalé, bientôt il apparaît au loin, complètement pavoisé ; il s'avance majestueusement, escorté par le *Triboulet*, — le petit vapeur qui a conduit à la Goulette M. le Résident Général et les hauts dignitaires, et par trois ou quatre remorqueurs de la Compagnie transatlantique également pavoisés. Avec sa carène énorme, qui sort presque entièrement de l'eau, il ressemble, à côté de ces bâtiments minuscules à quelque gigantesque monstre marin que des pêcheurs entourent pour le harponner.

L'accostage fut assez long. A cinq heures le navire touchait l'appontement, et Monsieur Guérin, le garde des sceaux, Monsieur Poincaré, ministre de l'instruction publique, débarquaient suivis d'une foule de fonctionnaires et de généraux tunisiens. Quant aux députés, ils sont rares : il y en a bien trois ou quatre et pas l'ombre d'un père conscrit. Diable ! le Parlement n'a guère donné et que de désillusions officielles et.... demi-mondaines ! Ces trois ou quatre députés, comme on va se les arracher : il faudra qu'ils se montrent d'un héroïsme à enfoncer le plus célèbre des travaux d'Hercule !

. . . .

Au moment où les ministres débarquent, le canon tonne.

Après de rapides présentations officielles, le cortège

monte en voiture : les ministres, Monsieur Rouvier, et les gens de haute volée dans les superbes landaus de la Résidence. Le menu fretin s'empile dans de modestes fiacres, comme ces parents pauvres que l'on voit à la queue des noces bourgeoises ; mais les cochers, fiers de véhiculer d'aussi honorables fardeaux et stimulés par l'espoir de pourboires sérieux débordent d'enthousiasme et font claquer leurs fouets avec un entrain maltais, c'est-à-dire plus que méridional.

Le cortège s'ébranle au petit trot ; sur son passage les musiques jouent la Marseillaise, les troupes présentent les armes, les officiers saluent de l'épée, les drapeaux s'inclinent, les cloches sonnent à toute volée, les canons tonnent. Un immense cri de : Vive la France ! Vive la République ! se fait entendre et les plus sceptiques, les Parisiens les plus gouailleurs, se sentent empoignés par cette manifestation. Ah ! ce ne sont pas seulement deux ministres en habit noir qu'on salue, c'est comme une nouvelle consécration de la pacifique conquête de la Tunisie. C'est la grande image de la France qui plane sur nous tous, l'âme de la patrie que chacun sent palpiter en soi et aussi, le souvenir de Celui qui, sans effusion de sang, nous donna cette colonie superbe. Pauvre cher calomnié que l'histoire vengera de la cruelle injustice de ses contemporains et qui dort là-bas au pied des Vosges d'un éternel sommeil.

Dans cette assistance composée de tant de races différentes, pas une note dissonnante : tous se découvrent respectueusement, les acclamations, les applaudissements accompagnent les ministres jusqu'à l'hôtel de la Résidence où ils descendent. Il y a là une garde d'honneur formée par une compagnie de zouaves et par les goumiers du capitaine Bordier, le contrôleur civil de Maktar. Rangés en demi-cercle et faisant face à la grille, le fusil au poing, encapuchonnés dans leurs haïks blancs, ils se tiennent immobiles comme des statues sur leurs chevaux richement caparaçonnés et dont les longues housses aux couleurs vives tombent jusqu'à terre.

La foule s'écoule lentement et prend d'assaut les tables des cafés ; nous avons bien de la peine, Dutemple et moi, pour trouver une pauvre petite place et encore plus de mal pour dîner. Il faut une patience angélique ; les plats arrivent de temps en temps au gré des garçons qui du reste sont complètement ahuris et ont absolument perdu la tête. Ils apportent une langouste pour un poulet et des fraises au lieu d'un fricandeau. Mais nous avons été si longtemps sur nos pauvres jambes, que nous ne sommes pas fâchés de nous reposer et ne nous plaignons pas trop des lenteurs et de l'incohérence du service.

Après avoir à peu près dîné de sept à neuf heures, nous passons notre soirée à la fête foraine. Installée dans un campement en planches sur l'avenue de la Marine, elle ne rappelle que de fort loin les splendeurs de la foire de Neuilly.

La principale attraction, c'est la tente des Ouled-Naïl. Elles sont là une demi-douzaine de filles venues de Biskra pour étaler aux yeux des Tunisiens et des étrangers leurs beautés vénales et leurs talents de société. Depuis l'Exposition de 1889, tout le monde connaît la fameuse danse du ventre et les bouis-bouis de la rue du Caire nous ont suffisamment édifié sur ce genre de divertissement pour que j'aie besoin de le décrire.

A tour de rôle, chacune des danseuses s'arrache avec peine à son far-niente, jette sa cigarette et vient déployer ses grâces devant l'assemblée. A peine a-t-elle fini qu'elle s'empresse de rejoindre ses compagnes sur les coussins qui forment le fond de la scène et de reprendre son éternelle cigarette.

Ces demoiselles semblaient fort intriguées par la lorgnette que je tenais rivée sur mes yeux de myope, la prenant dans leur ingénuité pour quelque invention diabolique ou photographique, ce qui pour elles est à peu près la même chose. Les vrais Arabes en effet, à qui le Coran défend de représenter la figure humaine par respect pour le créateur, n'aiment guère à laisser reproduire leurs traits.

Le directeur de ce... harem, — un juif à la figure servile, au sourire complaisant, — vint me demander si je photographiais ses houris. Je le détrompai et pour le convaincre, je lui remis ma lorgnette pour la leur montrer de près selon leur demande. Elles se la passèrent de main en main, la tenant successivement tantôt d'un bout tantôt d'un autre et sans doute le rapprochement ou l'éloignement des images leur semblait bien bizarre, car elles ne pouvaient se lasser de regarder, caquetant entre elles comme des pies et poussant de petits cris de surprise.

Cependant comme Dutemple s'était amusé à prendre quelques croquis, le patron lui demanda de portraiturer l'étoile de sa troupe, une brune assez jolie. Mon compagnon en quelques coups de crayon, en enleva un fort gentil dessin qu'il signa modestement : *Feu* DELACROIX, *artiste de Paris*.

Le Juif que ses connaissances artistiques n'étouffaient pas, reçut le dessin en saluant jusqu'à terre et l'afficha dans sa baraque.

Cela nous donna l'idée de lui monter un *bateau* phénoménal et pour le moins transatlantique,— une véritable *trirème*, diraient les Grecs de Lysistrata.

Le lendemain, nos amis convenablement stylés, venaient à tour de rôle admirer le prétendu chef-d'œuvre du grand artiste de Paris et le marchander à des prix impossibles.

Le premier, après s'être extasié, lui demanda insidieusement s'il ne cèderait pas ce dessin pour trente francs.

Le Juif, qui ne pouvait en croire ses oreilles mais dont l'esprit mercantile avait été mis en éveil, répondit négativement, ne sachant trop s'il n'avait pas mal fait de refuser une pareille aubaine. Mais combien il se félicita de de son refus, quand peu de temps après, un autre client s'arrêtait à son tour et lui offrait trois louis !

Et chaque nouveau chaland renchérissait d'offre pécuniaire et redoublait d'enthousiasme artistique ! Au bout d'une heure, c'était du délire, et on proposait des billets de cent francs à l'heureux propriétaire.

Il n'hésita pas ; sans reculer devant la dépense, il le fit mettre sous verre, avec un gros cadre doré et ainsi enchassé l'exhiba en dehors de sa tente avec cette inscription :

DESSIN DU GRAND ARTISTE DE PARIS

Feu Delacroix

Exécuté à la tente des Ouled-Naïl.

Ombre du maître ! pardonne nous cette fumisterie !

. . . .

En sortant de la tente des Ouled-Naïl, nous allâmes voir Karagouz. J'étais d'autant plus curieux d'assister à ce spectacle d'ombres chinoises que les descriptions de Champfleury et de Gérard de Nerval avaient fort émoustillé ma curiosité. Il est de plus devenu assez rare, car la pudibonde autorité française l'a prohibé en Algérie et il ne se donne guère dans le reste de l'Orient que pendant la durée du Ramadan.

A la porte de la baraque en toile, l'arabe qui faisait le boniment se bornait simplement à crier : *Karagouz ! Karagouz* ! Ce mot magique suffisait à emplir de monde son établissement.

L'orchestre se composait de deux musiciens : l'un grattait le ventre d'une grosse guitare à long col de cigogne, l'autre, — un nègre de la plus belle eau, — se démenait comme un épileptique en agitant d'énormes castagnettes de fer qui rendaient un cliquetis strident et affreux.

Bientôt Karagouz parut dans toute sa splendeur. Je n'essaierai même pas de vous décrire ses aventures et ses tribulations ; il me faudrait une plume spéciale. J'avoue que nous ne le goutâmes que très médiocrement.

Peut-être aurait-il fallu comprendre les grosses plaisanteries, dont l'Arabe accompagnait les saillies de son héros, encore que la mimique fut des plus expressives, ou est-ce que les descriptions trop enthousiastes que j'avais lues m'avaient exagéré les mérites aristophanesques de ce genre de spectacle.

Les spectateurs indigènes ne partageaient pas notre déconvenue. La salle était bondée de Maltais qui se tordaient littéralement et de graves Arabes qui ne dédaignaient pas de rire silencieusement des facéties du barnum et des exploits érotiques ou crépitiformes du Polichinelle oriental.

Le reste de la foire mérite à peine d'être mentionné : traditionnels chevaux de bois,—l'amusement des gamins et des bobonnes tunisiennes,— qu'on retrouve partout ; tirs à la carabine et massacres de poupées ; loteries en plein vent dont les gros lots qu'on ne gagne jamais, — de hideuses pendules de zinc doré —, allumaient les convoitises des badauds ; boutiques de verroterie avec leur clinquant de paccotille et des pots de chambre au fond desquels était peint un œil enguirlandé de l'inscription consacrée ; jeux de hasard surtout où les badauds venaient consciencieusement se faire plumer jusqu'au dernier sou.

Il y avait même un billard anglais : on pouvait y gagner une oie vivante qui, en attendant son problématique conquérant, se tenait accroupie sur une chaise avec la gravité d'un sénateur romain dans son siège curule. Je dus résister avec énergie aux insinuations de Dutemple qui traîtreusement m'incitait à faire une partie, dans l'espoir coupable de me voir remporter ce volatile encombrant.

Après avoir épuisé jusqu'à la lie, c'est-à-dire jusqu'à Karagouz, la coupe des enchantements de la fête foraine, nous partîmes aux jardins de la Compagnie Bône-Guelma, brillamment illuminés, paraît-il. Nous n'arrivâmes en effet que pour la fin. Les lampions achevaient de s'éteindre et les innombrables verres de couleurs, disséminés dans le gazon, comme des vers luisants, jetaient leurs derniers feux. L'illumination avait été fort réussie et décuplait l'étendue du parc qui semblait immense. La foule s'y était portée au point d'en empêcher l'accès aux musiques et presque aux ministres. Elle s'écoulait lentement et il ne resta bientôt plus dans les bosquets déserts que des couples d'amoureux que notre visite dérangeait visiblement et qui sous les yeux de la bienveillante Phœbé, — lisez, au clair de la lune — préludaient par des cliquetis de baisers à de tendres combats.

Nous sortîmes accompagnés de deux musiciens arabes qui nous poursuivirent longtemps des notes tristes de leur flute et de leur tambourin.

A minuit je retrouvai chez Angelvin Maynard, mon fidus Achates, qui m'attendait patiemment en humant le piot, avec d'autres amis. Nous prîmes une voiture qui naturellement commenca par s'égarer : et ce ne fût qu'après de longues pérégrinations dans le quartier arabe que nous arrivâmes au port, je veux dire chez Béchir-ben-Béchir.

CHAPITRE IV

Le Palais de la Nouvelle Poste. — Facilité des communications avec la France. — Le spectacle de la rue : cireurs, marchands d'allumettes et camelots. — L'illustre Salem. — La mascarade des passants. — La Bataille des Fleurs : les ministres bombardés de roses. — La Fête Orientale de Kassar-Saïd. — Un Palais des Mille et Une Nuits. — Cours officiel de chorégraphie comparée.

Vendredi 26 mai. — Une des grandes occupations et préoccupations en voyage, c'est de se demander si le courrier ne vous a apporté quelques lettres et d'aller les réclamer à la poste restante.

Les communications entre Tunis et la France sont extrêmement faciles ; le service direct est assuré trois fois la semaine par des courriers qui arrivent le mercredi, le vendredi et le dimanche. Le port des lettres soit en Tunisie, soit avec la métropole n'est que de 0 fr. 15 : quant aux dépêches expédiées en France, elles coûtent 0 fr. 10 par mot, ce n'est vraiment pas cher : nous sommes loin des *trois* ou *quatre francs* que messieurs les Anglais exigent pour chaque mot adressé du Caire à Paris. Aussi en Tunisie, les voyageurs ont-ils le télégramme facile et le bureau de poste, surtout en ces temps de fête, est littéralement envahi.

Heureusement ce n'est plus cette maison basse à un seul étage, presque une baraque, que j'ai connue autrefois et qui déshonorait l'avenue de France.

C'est un édifice magnifique, peut-être même trop magnifique au gré des contribuables : car il a coûté fort cher et le devis primitif plus simple et plus modeste a été singulièrement dépassé, — comme tous les devis.

La Poste se trouve maintenant rue d'Italie, presque vis-à-vis le marché, entre la rue d'Angleterre et la rue d'Espagne. Au milieu de ces voies relativement peu larges, on ne peut en apprécier la splendeur, comme si elle s'élevait dans les avenues de France ou de la Marine et il est à regretter que ce véritable monument, certainement le plus bel édifice européen de Tunis, ne soit pas mieux mis en valeur. La raison doit en être qu'on ne s'attendait pas à faire si grand ni si beau : on voulait bâtir une Poste, on a construit un Palais.

A l'intérieur une salle des pas perdus dans laquelle donnent les guichets des différents services, haute, spacieuse, bien éclairée, pavée de marbre, avec des tables, des pupitres et tout ce qu'il faut pour écrire. Très intelligente installation : la comparaison s'établit aussitôt avec nos bureaux de poste de France si étroits, si sombres parfois, si peu commodes toujours et elle n'est pas en faveur de ces derniers.

J'ai fait ce matin une ample moisson de missives. Avec quel bonheur on les reçoit, ces lettres de la famille ou des amis qu'on a laissés là-bas et qui vous apportent comme un parfum de la patrie !

Le revers de la médaille, c'est qu'il faut répondre.

O le vilain, dira-t-on ! Au moins ai-je le courage de ma franchise et je dois avouer qu'il est quelquefois très dur d'écrire cinq ou six lettres de suite, par une chaleur torride, éreinté des fatigues de la veille, la tête vide et suant à grosses gouttes pour rattraper les idées qui vous échappent.

Aujourd'hui je me suis mis en règle avec ma correspondance et j'ai employé ma matinée à écrire, assis à l'une des tables du café Angelvin, à la terrasse.

Fort gaie, cette terrasse où les tables du café se mêlent à celles du restaurant, toujours bondées d'un monde bruyant et joyeux.

Et quelle série de scènes amusantes et comiques !

Vous êtes à peine installé qu'une nuée de petits cireurs de souliers, italiens ou indigènes, vêtus sommairement d'une culotte *ou* d'une chemise, avec leur petite boite de bois en sautoir fondent sur vous en criant : « Cirer, M'sieu, cirer ? à la glace de Paris ! » Que si par malheur vous avez la faiblesse de céder, ils s'emparent en maîtres de vos pieds, ils cirent, brossent, frottent, faisant de leur salive un cirage à bon marché et, ne s'interrompant de temps à autre que pour regarder avec complaisance leur ouvrage et vous dire d'un ton admiratif : « Hein ? signor, toi bien ciré ! »

L'approche des agents de police qui leur donnent la chasse, — car ils joignent souvent à leurs talents de cireurs celui plus lucratif de pick-pokets émérites, — les met en fuite comme une bande de moineaux pillards, sauf à revenir dès que l'Argus casqué de blanc aura tourné les talons.

Une autre engeance non moins insupportable, ce sont les marchands d'allumettes, qui trimballent leurs marchandises sur un éventaire, vous offrent pour deux ou trois sous une demi-douzaine de boîtes d'allumettes bougie de provenance italienne et vous importunent jusqu'à ce que vous les ayez envoyés faire... lenlaire ou que vous leur ayez acheté quelque chose. Mais prenez garde ! leurs boîtes sont peu remplies et parfois entièrement vides. Jadis il fallait même se méfier : les illustrations qui les ornaient étaient plus que pimentées, la police française y a mis bon ordre et au lieu de ces ordures, on ne retrouve plus guère que les têtes d'actrices en vogue et d'horizontales de marque.

Voici la cohorte des marchands ambulants : les uns vous proposent des tapis de Kairouan aux couleurs éclatantes, ou des couvertures de Djerba, blanches rayées de rouge, et en un clin d'œil ils déploient devant vous leur magasin qu'ils portent sur la tête. Les autres essaient de vous fasciner avec des moukhalas, le grand fusil arabe, et des tromblons, à gueule évasée, incrustés de faux argent.

Mais le vrai type, c'est Salem, le roi de la camelotte et, parait-il, le cheik des nègres. Salem est un Soudanais d'une teinte chocolat foncé, qui au rebours du fameux chocolat X..., — *le seul qui blanchisse en vieillissant,* — n'a pas pâli avec l'âge. Très convenablement vêtu d'une grande gandourah rouge à raies noires, le turban sur la tête, des savates jaunes aux pieds, Salem porte toujours trois ou quatre poignards et au moins autant de pistolets à sa ceinture. Ce n'est pas un homme, mais un arsenal. Quant à ses couffins, ce sont des mines inépuisables où l'on trouve de tout, des sandales en bois, des guitares bizarres, des miroirs arabes, des éventails de paille ou de papier, des kandjars recourbés, des sacoches indigènes, des babouches brodées, en un mot toutes les inutilités qui fascinent les étrangers par un exotisme de pacotille.

Pour empaumer le client, Salem n'hésite pas, il fait de la fantasia avec ses fusils, et de la musique avec ses guitares, — un morceau de bois emmanché sur une écaille de tortue, avec deux cordes. — Salem danse, Salem chante, et finalement vous endoctrine jusqu'à ce qu'il soit parvenu à vous vendre quelque chose.

Mais comme il sait distinguer le nouvel arrivé, dupe facile qui se laissera prendre à ses boniments, du roublard qui lui fait déballer inutilement son magasin portatif!

Du reste, toujours de bonne humeur, il vous dit si vous n'êtes pas décidé: « C'est bon! tu achèteras demain! Salem content! toujours content, Salem! » et il rit d'un bon rire.

Ce n'est pas que Salem veuille vous voler, non! mais comme tous les orientaux, il surfait légèrement sa marchandise, et il ne faut pas hésiter à lui offrir le tiers ou le quart du prix qu'il demande. Il commencera par jeter les hauts cris, refuser énergiquement, reprendre ses objets, geindre piteusement en vous en faisant remarquer la beauté. « Le travail, gémit-il, tu ne paies pas le travail! Travail tunisien, sidi! tout à la main! rien à la machine! » Finalement si vous ne bronchez pas, il acceptera le marché et, soyez bien convaincu qu'il gagne encore le double.

Dans la rue, c'est par la différence des costumes, la variété des types, un spectacle toujours nouveau et dont nos villes d'Europe ne donnent aucune idée : des arabes drapés dans leurs burnous blancs, des juifs avec leurs culottes bouffantes ; de bons bourgeois dans leurs gandourahs aux couleurs tendres, si harmonieuses, bleu pâle, vert d'eau, saumon, lilas ou jaune citron ; des campagnards coiffés d'immenses chapeaux de paille dont les ailes flottent au vent ; des européens de toutes les nationalités : graves Anglais aux favoris corrects, Marseillais exubérants, reconnaissables à leur verve et à leur accent, Maltais et Italiens basanés : des colons français coiffés de feutres mous ou du casque blanc : des fashionnables tunisiens le fez sur la tête, l'œillet ou le camélia à la boutonnière, et des *mesquines* (1) habillés de loques et vêtus de guenilles ; des militaires de toutes armes et des uniformes de toutes couleurs.

L'élément féminin n'est pas moins curieux à observer : des juives, les unes coiffées du cornet pointu d'où part le haik qui les enveloppe complètement, d'autres habillées d'une veste brodée qui s'arrête aux hanches et de caleçons qui dessinent des formes trop exubérantes, toutes, massives, énormes, — un débordement de chairs et de ventres roulant à droite et à gauche, — marchant avec un dandinement d'oies ; des mauresques, le visage caché par des bandes d'étoffe noires et transparentes qui

(1) Un joli mot pour désigner les pauvres diables.

leur permettent de voir sans être vues, — la tache de ce masque, au milieu de leurs voiles blancs produit le plus singulier effet ; des horizontales locales ou d'exportation, des bandes de petites ouvrières qui ont déserté leurs ateliers de chapeaux ou de robes, tout le demi monde et le quart de monde mélangé au vrai monde dont il est à peine reconnaissable. Qu'elles sont pimpantes toutes ces femmes dans le costume coquet des pays chauds : le chapeau canotier crânement campé sur la tête, la chemisette rose ou blanche serrée à la taille par une ceinture, trottinant gaiement et retroussant d'un geste gracieux, leurs robes claires pour laisser voir la fine chaussure et un bout de mollet bien pris.

Puis le clan des fonctionnaires qu'on distingue à leurs airs compassés et officiels, engoncés dans des habits ou des redingotes avec cet affreux tube qui est une hérésie sous ce pays de soleil ; les nombreuses corporations allant saluer les ministres, précédées de musiques jouant la Marseillaise, arborant d'immenses drapeaux, de gigantesques bannières qui claquent au vent et font plier sous leurs poids leurs infortunés porteurs.

Tout ce monde après avoir défilé le matin devant les ministres à la Résidence court maintenant à la Marine, à la bataille des fleurs. Elle a été ravissante, cette fête encore inconnue à Tunis et elle a été décrite dans la *Depêche Tunisienne*, par un article si gentiment troussé que je ne puis résister au plaisir de vous le reproduire en entier. Il en résume spirituellement les splendeurs et les difficultés avec une maëstria et une verve vraiment parisiennes :

« Une bataille de fleurs à Tunis !.. Allons donc ! Mais, ma chère, vous n'y pensez pas ! A cette époque-ci ! Au mois de mai ! Une chaleur d'enfer ! On ne tiendra pas sur votre Marine ! Non, mais vous voyez-vous rissoler à trois heures de l'après-midi, un 24 mai devant les tribunes du Comité ? Au bout d'une demi-heure vous serez cuite à point, voilà tout.... Ma bonne amie, des fêtes tant qu'on voudra, je regarderai, je m'exposerai, j'applaudirai, je danserai, — oui, je danserai au mois de mai, — mais quant à me rendre malade ou à attraper des insolations pour faire plaisir à cet excellent M. Vayssié, et bien ! non, mon patriotisme ne va pas jusque là. D'abord voulez-vons réfléchir une minute ? Elle sera ratée votre bataille de fleurs. Primo, vous n'aurez pas de fleurs : ensuite vous ne trouverez jamais trente personnes à Tunis pour se ruiner à décorer une voiture : enfin à supposer, pour vous faire plaisir, que vous ayez des voitures, des fleurs, du monde dans les tribunes et de bons badauds derrière vos fils de fer, — vous voyez que je vous accorde tout, — ce sera très gentil, mais il ne manquera qu'une chose, la bataille.

... Parfaitement, ma chère. Oh ! je connais bien mes bons Tunisiens. Eux lancer des confetti ! eux rire dans la rue devant dix mille personnes ! eux bombarder des gens qu'ils ne connaissent pas ! Qui sait, ô horreur peut-être des *femmes* ! — y pensez-vous, ma bonne, des *femmes* ! — mais non, tenez n'en parlons plus, elle est stupide votre bataille de fleurs. J'irai, parbleu ! oui, j'irai ; je payerai de ma personne, je ne veux pas qu'on dise que les femmes du monde se sont abstenues et puis rien que pour m'amuser, je veux voir ça. Je vous y retrouverai, hein ? et nous en recauserons de votre bataille de fleurs.

. . . .

...Où on disait cela ? Eh bien ! dans tous les salons où l'on cause, sur tous les fauteuils où l'on flirte, parmi les froufrou des soies et dans l'harmonie des voix argentées.

Ainsi *Tunis la Belle* s'entraînait depuis un mois à la bataille de fleurs et tandis que les comités se remuaient, que les présidents pâlissaient à improviser l'enthousiasme, à petits coups serrés, tapissés de peluche et fleurant le jasmin, on éteignait tout doucement la bataille des fleurs.

La voilà passée pourtant la bataille et, muées en chars de triomphe, parmi la foule accourue, les petites charrettes pimpantes qui passaient sur la chaussée ainsi que des bouquets à roulettes. Le succès, tout Tunis l'a constaté. La ville était là tout entière, et aussi la petite dame si joliment spirituelle qui sermonnait sa « chère » avec une si obstinée perfidie. Elle était là et elle s'est mise, elle aussi de la partie : de ses petites mains dégantées pour plus de souplesse, elle canonait avec allégresse les voitures embaumées et, elle y allait, elle y allait, prodiguant les serpentins, les confetti, les fleurs, sautant, riant, se démenant avec entrain, presque rouge sous poudre..., et le soir, rentrée chez elle, elle a laissé s'envoler vers l'irréparable un gros soupir de regret en murmurant tout bas : « C'est égal, si j'avais su ! »

Car rien n'a manqué au succès : ni les fleurs, ni les spectateurs, ni les voitures, ni même la bataille. Les ministres étaient là, y prenant part avec une bonne grâce et une simplicité fort aimable, à côté de Madame Rouvier qui présidait à la fête avec son charme habituel : S. A. le Bey elle-même a traversé la piste en voiture. Donner des noms à quoi bon? Ce serait faire le Bottin du tout Tunis élégant? Le succès a été complet, inespéré pour ceux qui avaient le plus de confiance : voilà consacrée la première bataille de fleurs tunisienne. Elle fait le plus grand honneur au comité qui l'a organisée et à celui qui la présidait, notre aimable confrère, M. Vayssié : souhaitons que l'un et l'autre se retrouvent l'an prochain pour la seconde bataille.

Nous ne décrirons pas toutes les voitures qui y ont pris part.

M. Basiléio Cuiteas, que de douloureux souvenirs retenaient loin de la fête, avait mis fort aimablement à la disposition du comité son mail-coach superbement décoré, qui de ce fait, au grand regret de ceux qui eussent souhaité de lui voir remporter la récompense qu'il méritait, s'est trouvé hors concours.

Le défilé a eu lieu à trois heures et demie, le mail du comité en tête : derrière suivait la théorie des voitures ornées. On regrettait en général qu'elles fussent décorées un peu lourdement avec des fleurs trop sombres. Pourtant il faut mettre hors de pair la victoria si élégante de M. Cardoso, en jaune et en violet, la charette si gaie de M. Dinguirard où riaient des bébés roses, la voiture de M. P. Savon, celles de M. Giacomo Cardoso, de M. Blaive et le grand landau luxuriant, en corne d'abondance de M. Halphoun. A signaler aussi les voitures de M. Nicot, du comte Passante, du baron Fleury, de M. Souciet, de M. Sacoman etc.

Nous avons réservé pour la fin la charrette qui a obtenu le premier prix, celle de M. Georges Bourdon, toute en jaune et en blanc, pimpante sous le soleil de mai, encore rehaussée par la grâce de la jolie femme qui l'occupait à côté de M. Bourdon. »

. . . .

Le soir il y avait réception et grande fête à Kassar-Saïd le palais beylical situé presque vis-à-vis du Bardo. Fête originale s'il en fut et que j'essayerai de mon mieux de vous décrire.

A neuf heures, deux trains spéciaux bondés de monde y conduisent directement la foule des invités.

Après avoir traversé ces jardins merveilleux plantés d'orangers, illuminés de lanternes vénitiennes et de verres de couleurs, nous arrivons à la porte du palais qui du haut en bas étincelle sous les feux du gaz. La garde d'honneur du bey forme une double haie et présente les armes. Un escalier de marbre blanc nous conduit au premier étage où nous parcourons comme dans un rêve cette enfilade de salons mauresques, éblouissants de dorures et de lumières. On se croirait transporté dans un palais des mille et une nuits ou dans un de ces châteaux de fées comme en rêva notre enfance. Ce ne sont que gracieuses arcades, sveltes colonnes geminées et peinturlurées, frises enguirlandées, délicates ciselures couvrant de leurs capricieuses arabesques les ors des plafonds. Un fouillis de dentelles comme peuvent seuls en enfanter l'imagination vagabonde et le ciseau patient des Orientaux. Une orgie de tons éclatants et cependant harmonieux, où le rouge et le vert, les couleurs sacrées du Prophète, se marient aux dorures. Dans cette débauche d'architecture, l'œil s'égare en un perpétuel ravissement.

Partout des fleurs, des plantes exotiques, des palmiers balançant leurs larges feuilles sur leurs tiges flexibles, jettent une note gaie dans ces salles éblouissantes de clarté et de richesse.

Pour animer ce décor féerique, une foule bariolée de fonctionnaires galonnés, brodés, chamarrés, constellés de décorations ; d'officiers français et tunisiens aux costumes éclatants et dans le grand patio, comme une corbeille de fleurs vivantes, un parterre de jeunes et jolies femmes dont les toilettes claires sont mises en valeur par la masse sombre de nos habits noirs.

C'est dans ce grand patio que doit avoir lieu la représentation.

Le bey prend place au premier rang sur un trône doré ayant à sa droite Monsieur Guérin, le garde des sceaux, à sa gauche, Monsieur Poincaré, le ministre de l'instruction publique, le Résident Général et Madame Rouvier.

Et voilà que devant ce public officiel se déroulent les danses les plus.... orientales.

Ce sont d'abord les Juives tunisiennes avec leurs culottes blanches bouffantes, leurs chemisettes flottantes, roses ou jaunes, coiffées d'un foulard de soie. Tantôt une danseuse seule nous mime la danse du ventre, tantôt deux almées esquissent une poursuite amoureuse : elles se cherchent, s'évitent, se fuient jusqu'à ce qu'elles simulent le dénouement final en tombant lasses et pâmées dans les bras l'une de l'autre.

Puis les Ouled-Naïl, — le dessus du panier de celles que nous avons vues à la fête foraine, — s'avancent lentement, parées comme des châsses. Elles ont revêtu leurs plus riches costumes et drapées dans leurs longues robes couvertes de broderies, dans leurs manteaux somptueux coiffées du bonnet entouré de séquins, — leur dot, gagnée à la sueur de leurs reins, — surchargées de colliers, de bracelets, de bijoux, elles ressemblent à des idoles indoues ou javanaises.

Nous sommes loin des gracieux entrechats de nos nymphes d'Opéra, voltigeant, pirouettant, s'envolant dans les blancs nuages de leurs robes de gaze et montrant l'émail de leurs dents en un sourire perpétuel et un peu banal.

Ici la danseuse se contente d'étendre les bras en avant comme pour magnétiser et attirer le spectateur, d'agiter lentement de chaque main des foulards aux couleurs voyantes. Le ventre seul remue, sautant par un soubresaut convulsif ou roulant dans un mouvement giratoire lent et continu. Le reste du corps demeure immobile et la figure reste impassible, inanimée, froide comme celle d'une statue, à peine illuminée par un sourire enigmatique quand éclatent les bravos.

Je ne sais pourquoi, ces poses hiératiques, cette roideur voulue et solennelle, le harnachement compliqué des vêtements rehaussent ce métier avilissant. Ce ne sont plus des vulgaires ballerines : elles semblent remplir un sacerdoce, — prêtresses consacrées de quelque mystérieuse divinité.

Puis comme contraste et pour que rien ne manquât à ce cours de chorégraphie comparée, voici la danse serpentine. Malheureusement elle fut donnée par une comparse, élève plus ou moins experte de la Loïe Fuller et il y avait loin de ses déhanchements aux gracieux tourbillonnements de la créatrice du genre. Encore manquait-il le principal attrait, les projections lumineuses, irradiant les jupes de la danseuse, qui, tantôt semble se tordre dans les flammes d'un bûcher, tantôt se jouer dans les feux irisés du plus chatoyant arc-en-ciel.

On avait bien essayé pour y suppléer d'allumer des feux de Bengale, mais l'effet ne fut pas meilleur : bientôt une âcre odeur s'éleva, nous saisit à la gorge et faillit nous faire déserter la salle.

Comme intermèdes, des morceaux exécutés par l'orchestre tunisien ; mais c'est en vain que les joueurs de clarinette lançaient leurs notes les plus suraïgues en enflant leurs joues à les faire crever, que les autres musiciens faisaient rage des deux mains sur leurs tambourins ou pinçaient jusqu'au vif les cordes de leurs longues guitares. Cette musique monotone et criarde qui ravissait les indigènes nous laissait absolument froids et nous préférions les morceaux de chant et de musique magistralement exécutés par la *Chorale* de Tunis et les *Juvenes Carthaginis*.

En somme, la colonie européenne en avait assez de ces danses tunisiennes, algériennes, serpentines, ventriformes et autres. Voir danser cela ne nous suffit pas à nous autres, nous aimons mieux de beaucoup danser pour notre propre compte au grand ébahissement des Orientaux, qui n'ont jamais pu comprendre pourquoi nous nous donnons bénévolement tant de mal pour des exercices aussi fatigants, alors qu'il est si facile de les faire exécuter par des gens dont c'est la profession !

Une sauterie qui ne figurait pas au programme fut improvisée en un clin d'œil. La jeunesse s'y jeta à cœur perdu jusqu'aux premières lueurs du jour.

Quant à nous, gens graves, — et fatigués — nous abandonnâmes la partie. Nous descendîmes, Dutemple, Maynard, Kauffmann, et moi, dans ce jardin des Hespérides pour nous promener lentement sous ces voûtes de verdure égayées par des ballons lumineux, et respirer une brise délicieuse, chargée des senteurs capiteuses des orangers, des verveines et des jasmins. A minuit nous reprenions à la gare minuscule du Bardo le train pour Tunis, échappés comme d'un rêve et doucement bercés par les échos lointains et mourants des polkas et des valses.

CHAPITRE V

La Fantasia à Tunis. — Une évocation du moyen âge. — Défilé et costumes des cavaliers. — Le fils du caïd de Mateur. — Un merveilleux tableau. — Exercices et simulacres de combats. — La Cavalcade et ses splendeurs. — Quelques réflexions à l'adresse de Paris. — Description des groupes. — La rosière de Chikly et la proclamation du gouverneur. — Une douche de vermouth. — Les danseuses tunisiennes de la fête foraine. — A bas le lapin !

Samedi, 27 mai. — Journée surchargée : ce matin la fantasia indigène, l'après-midi la cavalcade européenne. On n'a plus un instant de répit : à peine pouvons-nous suffire à tant de plaisirs.

La Fantasia était donnée par les cavaliers du capitaine Bordier, le contrôleur civil de Maktar : grâce à son habile direction, ils jouissent d'une réputation incontestée et passent, m'a-t-on dit, pour les meilleurs goumiers de Tunisie.

Vers huit heures je pars avec Maynard pour le camp arabe qui est situé en dehors de la ville du côté de la porte Bab-el-Alouch.

Nous sortons par la porte Bab-Sidi-Gassem au-dessus de laquelle une énorme canon allonge sa gueule noire et inoffensive. Après vingt minutes de route à travers d'étroits sentiers bordés de cactus, nous dégringolons jusqu'à une sorte de cirque naturel formé par des collines en pente douce où sont déjà assis des milliers d'indigènes, attendant patiemment que le spectacle commence.

Une grande tente est réservée pour les autorités et pour les Européens de marque.

Bientôt a lieu le défilé du goum. En avant une douzaine de musiciens à pied soufflant dans leurs éternelles clarinettes ou frappant à contre-temps les deux peaux de leurs énormes tambours avec de longues baguettes recourbées qu'ils manient fort adroitement.

Immédiatement après, le capitaine Bordier, casqué, brodé d'or, entouré de ses porte-étendarts, s'avance comme un paladin au milieu de ses chevaliers.

Puis deux à deux défilent lentement les goumiers, le fusil haut, dans leurs luxueux costumes.

Ils ont un équipement merveilleusement approprié pour leurs exercices et pour le plaisir des yeux. Plus d'amples vêtements, de burnous flottants, de gandourahs gênantes. L'homme est serré dans une veste très ajustée et sanglé par une cartouchière dorée : la culotte à demi bouffante est arrêtée aux genoux par des bottes de maroquin rouge ou fauve, armées en guise d'éperons de longues pointes acérées.

La couleur du vêtement varie naturellement selon chaque cavalier, rouge, jaune, vert, bleu, abricot, lilas, — les tons les plus tendres ou les plus éclatants — cependant le jaune domine et ce qui, sur ces dissemblances, jette une sorte d'uniformité, c'est le haïk qu'ils portent tous.

Le haïk est une immense pièce de soie blanche qui s'enroule autour du turban auquel il est fixé par des cordelettes terminées par de gros glands retombant gracieusement sur l'épaule. Il encadre le visage dont il couvre la partie inférieure comme le gorgerin de nos anciennes armures ou si vous aimez mieux, à la manière des Touaregs. Plaqué contre la poitrine par des cordons de couleur, il descend, sous l'homme jusqu'à ses genoux sur lesquels il se noue. Le cavalier est ainsi complètement enveloppé, mais ses bras restent libres.

Ce qui est encore plus éblouissant que le riche costume du maître, c'est le harnachement de la monture : la haute selle arabe, les larges étriers damasquinés, les mors d'argent, les brides rouges, les plastrons brodés et surtout ces longues housses aux couleurs voyantes qui tombent de la croupe jusqu'aux pieds du cheval.

De cet ensemble se dégage une impression très vive de moyen âge, que ressentent tous les artistes et tous les écrivains. Un rapprochement s'établit dans l'esprit entre ces carrousels modernes et les antiques tournois, entre ces cavaliers et nos paladins. Rapprochement qui n'a rien d'extraordinaire quand on songe au souvenir que les Arabes ont gardé des croisades et surtout de Saint Louis qu'ils vénèrent à l'égal d'un marabout.

A côté de certains cavaliers marchent des fantassins dont le rôle, pour être plus modeste, n'en est pas moins utile comme nous le verrons bientôt.

Le goum est nombreux, il comprend plus d'une centaine d'hommes ; après le défilé, il se partage en deux camps qui se rangent en deux lignes parallèles, face l'une à l'autre.

Les écuyers les plus habiles, ou les plus importants, — les caïds et leurs fils, — viennent se placer près de la tente officielle.

Leurs vêtements sont beaucoup plus riches et plus éblouissants que ceux des simples goumiers. Je revois encore un jeune homme de superbe allure, âgé à peine de dix-sept ou dix-huit ans, dans un costume lilas clair avec des broderies noires soutachées d'argent : sur la tête un immense chapeau dont le dessus était garni de plumes noires d'autruche et dont le dessous, recouvert de soie rose, jetait sur sa figure mate des reflets carminés. La selle brune du cheval était rehaussée d'arabesques noires et son caparaçon mi-bleu, mi-vert, semé de fleurs d'or, balayait presque le sol.

C'était le fils du caïd de Mateur que je connus quelques jours après, en accompagnant chez lui Toché qui fit de son portrait une aquarelle délicieuse.

A côté se tenait un grand diable de fantassin, basané, dont l'humble costume, — j'allais presque dire l'absence de costume, — mettait encore en valeur la richesse de celui de son maître. Il n'avait qu'une chemisette sans manches qui descendait à peine à mi-cuisses, serrée par une courroie de cuir retombant en longues et minces lanières. Dans ce simple appareil, sa musculature sèche d'Arabe apparaissait entière, jambes nerveuses, bras souples, attaches fines. Mais par exemple, s'il avait très peu de vêtements, il se rattrapait sur les armes : il portait à sa ceinture une collection de longs pistolets, de poignards recourbés, de poires à poudre et sur l'épaule la moukhala, le long fusil arabe dont le canon était garni de cuivre.

Ainsi équipé il se tenait droit comme un i et fier comme Artaban, sans bouger, près de son jeune maître, qu'il ne quittait pas des yeux et sur lequel il semblait veiller comme un vieux chien fidèle.

Oh ! le merveilleux tableau qu'il faudrait pour vous rendre non pas ma plume impuissante, mais le pinceau magique d'Henri Regnault ou de Charles Toché.

Au premier plan, la tente ministérielle abritant sous l'égide de son drapeau tricolore, un essaim de jolies femmes, — bourdonnantes mais paresseuses abeilles, encore alanguies par les fatigues de Kassar-Saïd —; l'armée représentée par des officiers de toutes armes et de tous grades ; de bedonnants colonels, de sveltes lieutenants, des chasseurs bleus ou des sombres artilleurs, des spahis aux dolmans clairs zébrés de tresses noires, des zouaves ou des turcos aux larges pantalons à la houzarde ; toute la lyre des vulgaires *pékins*, les uns en complets de flanelle blanche, les autres en fashionnables, en costumes de cheval, de voyage, certains même suant à grosses gouttes sous des gibus intempestifs ; des bourgeois tunisiens dans leurs amples et riches vêtements; des fonctionnaires du bey, reconnaissables à leurs fez à plaque de cuivre et à leurs tuniques plissées ; des photographes braquant leurs appareils, des artistes enlevant des croquis, et des journalistes prenant des notes ; des poètes qui rêvaient et des gens qui ne songeaient à rien.

Tout ce monde difficilement contenu par de bons gendarmes à pied et la police indigène.

Au deuxième plan, sur un vaste plateau, deux longues files de goumiers dessinant un immense rectangle dont un côté restait vide et dont le quatrième était formé par une rangée de chameaux chargés de *bassours,* ces édicules de cotonnade rayée, tendus sur des cerceaux où se cachent les femmes arabes.

Derrière, les tentes brunes et basses du camp.

Pour faire valoir ces premiers plans, un encadrement de collines où s'étageaient les spectateurs, dans le fond la chaîne du Bou Kornine, et devant nous, Tunis étendue paresseusement sur la rive de son lac.

Malheureusement le ciel était nuageux et couvert : il manquait cet azur implacable, ce soleil éblouissant qui donne aux choses d'Orient leur chatoiement prestidigieux.

Tandis qus nous admirons ce merveilleux panorama, les voitures officielles arrivent au grand trot dans des nuages de poussière, précédées et suivies d'un piquet de chasseurs d'Afrique : aux portières, des gendarmes maures caracolent, sabre au clair. Nos ministres mettent pied à terre devant la tente, tandis que l'escorte fait face et présente les armes.

La fantasia commence.

Les goumiers chargent à fond de train les uns contre les autres : c'est une mélée générale où le fusil parle en maître. Grisés par l'odeur de la poudre, par les détonations, par les cris et les vociférations, éperonnés à outrance, les chevaux partent au triple galop et les cavaliers passent comme des flèches, penchés sur les encolures, droits sur leurs étriers et même sur leurs selles. Ils chargent et déchargent d'une main leurs longues moukhalas, les lancent en l'air, les reçoivent, les font tournoyer comme des plumes en de terribles moulinets, sautent à terre, remontent en selle d'un bond et font les sauts les plus périlleux et les plus acrobatiques dans un désordre pittoresque.

A quelques pas de nous, le peloton d'élite exécute ses passes savantes. Tantôt ce sont des simulacres de combats : deux cavaliers s'attaquent à l'arme blanche, s'escriment à outrance, des éclairs d'acier jaillissent du choc de leurs cimeterres. Tantôt c'est un duel inégal entre un fantassin et un cavalier qui décharge à bout portant sur son ennemi son pistolet chargé à blanc. Le malheureux roule deux ou trois fois sur lui-même comme un lapin qu'on vient de peloter d'un coup de fusil, fait le mort jusqu'à ce que son adversaire, qui caracole autour de la piste, revienne auprès de lui. Il se redresse alors comme un ressort qu'on détend, s'élance d'un bond en croupe de son ennemi auquel il coupe la tête — imaginairement ; mais berr ! encore que ce ne soit qu'une feinte, ça vous donne le frisson et je ne voudrais pas me voir aux prises avec ces terribles manieurs de yatagans.

Puis des exercices de haute école. Sous la main habile de son maître, le cheval se cabre, rue, se dresse sur ses jambes de derrière et, dans cette position, fait le tour de la piste, battant l'air de ses pieds de devant au-dessus de la tête du fantassin qui se livre à mille bouffonneriers. Car, le croirait-on, au milieu de ces belliqueuses fantasias, de ces carrousels du moyen âge, il y a des scènes comiques où l'on retrouve les pitreries de nos clowns. Des *Augustes* indigènes, aux trois quarts nus, la tête rasée sauf la petite mèche consacrée, exécutent des sauts périlleux, font des grimaces aux chevaux, se roulent sous leurs pieds en des contorsions grotesques. On craint à chaque instant de les voir écrasés ou, la tête fendue d'un coup de sabot. Mais, baste ! vous ne connaissez guère leur adresse ni celle du cheval : la bête s'agenouille, s'abat sur eux sans leur causer le moindre mal, tant ils sont habiles à éviter le choc d'un saut de côté.

Comme ces merveilleux cavaliers enfoncent les écuyers de nos hippodromes ou de nos cirques et comme ils ont grand air pendant leurs évolutions ! Ils ne ressemblent guère à ces bellâtres fardés, frisés, pommadés qui, dans des culottes de peau trop collantes et des casaques roses ou bleues, font des grâces sur leurs montures poussives et roulent des yeux blancs à des vieilles gardes pâmées !

La fantasia est terminée et, dans l'enchantement des yeux, les heures ont passé trop rapides. C'est maintenant la débandade qui accompagne les fins de spectacle, un désordre qui a bien son charme.

Les goumiers regagnent leur camp, lentement, par petites bandes, les caïds rentrent dans Tunis avec leurs escortes, les chameaux agenouillés se relèvent en grimaçant et en grognant. Puis ils s'en vont, cahin-caha, balançant les bassours dans leur marche saccadée.

Des chiens à tête de chacal jappent contre les enfants qui les agacent ; des bandes de négresses ou de femmes indigènes, perdues dans ce tumulte, poussent des hurlements de frayeur : des gendarmes conduisent un pick-pocket qui a barbotté dans les poches de l'assistance :

des *mesquines* marchent fièrement, drapés dans leurs guenilles ; des campagnards portent en croupe deux ou trois enfants ; des sportsmenn font la roue sur leurs purs-sang ; d'interminables files de voitures, — landaus officiels et landaus de louage, charrettes anglaises, breaks de famille, légers paniers et lourds mails-coachs — se pressent à la porte Bab-el-Alouch, dans la foule des piétons. Les cochers font claquer leurs fouets, crient, hurlent s'invectivent à la manière des héros d'Homère.

Et voici que pour augmenter le désordre une bande de bourricots montés par des Arabes, les jambes ballantes, file entre les voitures, en trottinant, et en secouant leurs longues oreilles.

C'est complet ! Cependant, chose merveilleuse, cette cohue, finira par passer, non sans quelques bourrades et après avoir épuisé dans ses imprécations tout le vocabulaire des jurons du Midi de la France et du Nord de l'Afrique.

. . . .

Le clou de la journée, — je puis même dire de toute la fête —, était avec la fantasia du matin, la cavalcade de l'après-midi.

Elle a été splendide et a pleinement réussi en dépit des difficultés et des mécomptes inséparables d'une aussi grosse entreprise.

Songez donc qu'elle comptait plus d'un millier de figurants, près de quatre cents chevaux, une vingtaine de chars dont certains étaient de véritables monuments, trente ou quarante ânes, une dizaine de bœufs, autant de chameaux et un éléphant — en carton —, sans compter les monocycles, bicycles, tricycles, les palanquins, les masques isolés et les gens de bonne volonté, civils ou militaires, qui, à pied ou à cheval, faisaient la quête au profit des pauvres.

Tous, — personnages officiels ou humbles touristes, artistes et journalistes, ministres ou simples mortels, — nous sommes restés là pendant plus de trois heures, n'ayant pas assez d'yeux pour admirer, de mains pour applaudir ce cortège superbe où les scènes comiques se mêlaient sans disparate aux groupes historiques, allégoriques ou mythologiques.

Et je me disais avec une pointe de mélancolie : Voilà vingt-cinq ans que j'habite Paris ou à peu près, et jamais je n'ai rien vu de pareil. Nous avons pourtant ce qu'il faut : pour l'organisation, des hommes de premier ordre et des artistes éminents ; pour l'exécution, des gens pleins de bonne volonté, la jeunesse de nos écoles et les bataillons de nos actrices. Nous avons — sans parler de la troupe — la cavalerie de nos cirques et de nos manèges, tous les costumes imaginables et de l'argent à profusion. Nous avons tout, même — l'été — ce soleil éblouissant de Tunis indispensable à ces fêtes, même les animaux les plus exotiques grâce au Jardin des plantes et au Jardin d'acclimatation.

Eh bien ! avec ces ressources — peut-être uniques, — qu'a-t-on offert pendant près d'un quart de siècle, à la population parisienne et aux foules accourues pour deux Expositions internationales ? Un cortège froidement solennel pour fêter en septembre dernier le centenaire de la République et annuellement un défilé grotesque de voitures-réclame et de tapissières dans lesquelles les blanchisseuses célèbrent la Mi-Carême ! (1)

Que nous manque-t-il donc?

Rien et tout.

Une initiative généreuse, une concentration de toutes ces forces vives, une entente générale qui produirait des merveilles, secouerait Paris de sa torpeur, ferait rentrer au centuple dans les caisses de nos commerçants, dans les bureaux de bienfaisance, l'argent qu'on aurait dépensé et nous ferait par dessus le marché oublier pendant quelques heures les amertumes présentes, les querelles des journaux et les rancœurs de la politique !

C'est une simple idée que je me permets de soumettre humblement à la haute appréciation de Messieurs les ministres qui étaient présents et qui avaient peut-être les mêmes regrets !

Mais j'arrête là mes réflexions qui n'ont que faire ici et je reviens à mes moutons, c'est-à-dire à la cavalcade de Tunis.

Elle se formait au dépôt des tramways en haut de la ville près de la Kasba, descendait au côté Ouest par les larges rues de l'Alfa, Bab-Souika, Bab-Carthagène et des Maltais, enfilait au Nord les avenues de France et de la Marine où elle s'arrêtait devant les tribunes officielles et

(1) J'excepte de ma critique la Mi-Carême de cette année où de réels efforts furent tentés et produisirent d'excellents résultats grâce à l'alliance des étudiants donnant fraternellement la main aux reines de nos lavoirs. C'est un encouragement pour l'avenir et une preuve convaincante à l'appui de mes assertions.

revenait à l'Est par les rues Es-Sadikia, d Angleterre d'Italie, Al-Djazira et le boulevard Bad-Djedid à son point initial.

En deux mots, et pour donner en même temps au lecteur étranger une topographie rapide de Tunis, elle partait du point culminant de la ville, et contournait entièrement la vieille cité arabe, après avoir poussé une pointe extrême dans le quartier français.

Il ne fallut pas moins de sept ou huit heures pour parcourir cet immense lacet, ce qui n'a rien d'excessif eu égard aux difficultés de la mise en marche, à la longueur du trajet, aux embarras de toutes sortes qui se produisaient forcément dans ces larges avenues, devenues trop étroites pour contenir cette foule grouillant comme une fourmilière en révolution.

Je n'entreprendrai pas de vous raconter par le menu les splendeurs de la cavalcade, j'en aurais pour un volume, je ne ferai que reproduire en l'accompagnant d'un bref commentaire le programme officiel.

Comme AVANT-GARDE — 20 sonneurs à cheval (Société *la Diane*)

1er GROUPE. — 50 cavaliers arabes avec leurs étendarts.

2e GROUPE. — Musique beylicale (30 exécutants).

3e GROUPE (exécuté par la Compagnie Bône-Guelma : 1 char, 30 figurants, 6 chevaux). — *L'Oued-Tchad*, locomotive transsaharienne, enguirlandée de fleurs, pavoisée de drapeaux et placée sur une prolonge d'artillerie. Grâce à un mécanisme ingénieux, elle sifflait et fumait au naturel. Elle était montée par les nègres de la Compagnie et précédée d'une vingtaine de Fezzani, vêtus de blancs, ceinturonnés de rouge, portant des pelles, des pics ou poussant des brouettes et enchantés de figurer dans le cortège.

4e GROUPE (exécuté par l'*Union française de la Jeunesse* et la *Méridionale* : 1 char, 25 figurants, 6 chevaux). — La France préside à l'instruction des peuples, sous les traits d'une belle femme habillée à la grecque. Une rivale, Monsieur Poincaré, et qui n'aurait pas de peine à rendre l'instruction obligatoire.

5e GROUPE (exécuté par la *Société des Typographes* : 1 char, 20 figurants, 4 chevaux). — Gutemberg tirant la première épreuve d'imprimerie. Un peu trop sévères, les costumes.

6e GROUPE. — *Entrée de Charles-Quint à la Goulette.* L'empereur, pour purger la Méditerranée des pirates tunisiens, décida une expédition et vint mettre le siège devant la Goulette dont il s'empara le 15 juillet 1535. — Ce groupe qui ne comprenait pas moins de deux chars, le char de *la Victoire,* copie du Palais de l'Alhambra et le char du *Trône,* 35 chevaux et 140 hommes dont un corps de musique, était dû à la Société des *Juvenes Carthaginis* et certainement l'un des plus brillants.

7e GROUPE. (Exécuté par les poissonniers de Tunis). — Balancelle *la France,* 1 char traîné par 4 bœufs, 10 figurants.

8e GROUPE. — Le char *Fours et Brioches* que devaient donner les boulangers de la ville a fait *four* complet par son absence.

9e GROUPE. — *Le triomphe de Trajan sur les Daces.*

— Hérauts à cheval : licteurs et soldats : insignes, trophées : la Drave et le Danube avec victoires et statuettes : trésors des Daces : soldats et prisonniers : trompettes, enseignes : char triomphal : licteurs, porte-étendards, sacrificateurs, victimes, prêtres, soldats : 1 char, 10 chevaux, 200 figurants. Exécuté par la *Société ouvrière Italienne* à qui il fait le plus grand honneur.

Les deux groupes suivants appartiennent au genre militaire de la première République.

Le GROUPE 10, exécuté par la *Société des anciens militaires du Génie* (1 char, 20 figurants, 4 chevaux), représente une forteresse à la Vauban, gardée par des grenadiers qui étaient pour la plupart de graves conducteurs des Ponts et Chaussées et de bedonnants entrepreneurs de travaux publics.

Le GROUPE 11. — *Marceau et son état-major* avec une escorte de hussards, (1 char, 70 figurants, 30 chevaux,) — était l'œuvre de la *Société des anciens sous-officiers et de l'Harmonie française.*

Pour égayer la note, un groupe comique, le 12e, exécuté par le *Véloce club. — Une noce en bicyclette.* — La mariée, en blanc, couronnée du symbolique oranger, pédalait avec une chasteté pudique à côté de son heureux époux. Derrière le couple, un tricycle formant char et voiturant la corbeille de noce, escortée du beau-père et d'un escadron roulant de 60 vélocemans.

13e GROUPE. — (exécuté par la Société *la Corse*, 1 char, 60 figurants, 30 chevaux). — Une tour battue par les flots près de laquelle est échouée une galère génoise, la France protégeant la Corse : voilà rappelés en une allégorie, le *Siège de Calvi au XVIe siècle* par les Génois et sa délivrance par les troupes de Henri II et l'escadre turque.

14e GROUPE. — *Le triomphe d'Orphée* : 1 char formant une terrasse qui supporte un trianon à arcades : au centre, Orphée aux pieds d'Eurydice, charmant de sa lyre les Dieux et les Déesses de l'Olympe, figurés par 30 membres de la Société *la Chorale.*

15e GROUPE. — *Les vendanges de Bourgogne* : 1 char traîné par des bœufs représentant une immense coupe d'où émergent, comme la mousse blonde sur le champagne, les chevelures dorées de ravissants bébés.

C'est gracieux au possible et j'applaudis à outrance, comme tout le monde d'ailleurs, d'autant plus que cette charmante allégorie est l'œuvre de la Société *Les Gaudes,* qui réunit à la fois les enfants de la Bourgogne et de la Champagne. Et je ne suis pas Haut-Marnais pour rien !

16e GROUPE. — *Salammbô,* 2 chars, 350 figurants, 100 chevaux. Exécuté par les soins du *Comité* avec le concours de la *Colonie maltaise,* de la musique de la *Valette* et de la musique *municipale de Sfax.*

« C'était, dit la *Dépêche Tunisienne,* à laquelle j'emprunte ces détails le groupe qui a le plus souffert de la circulaire Freycinet (1) et c'était sur lui qu'on fondait les plus grandes espérances,

« Le Dieu des armées — pardon, le Ministre qui préside aux armées — n'en a pas jugé ainsi et il a fallu

(1) Cette circulaire, lancée à la suite de quelques incidents regrettables, interdit la participation de l'armée aux cavalcades, jeux et réjouissances de cette nature.

s'incliner : dès lors les zouaves qui travaillaient leur éléphant avec amour s'en allaient ces derniers jours, tout chagrins, fumer tristement leur cigarette dans la carcasse du pachyderme et le marteau retentissait sans conviction.

« Voilà deux mois passés que M. Rivière notre sculpteur travaillait à la composition de cette cavalcade : il n'y avait guère de chars sauf ceux dressés par M. Benoist qu'il n'ait mis au point, de costume qu'il n'eut dessiné ou revu, de conseil qu'il n'eut donné. Il se faisait une fête de présenter un groupe de sa main, Salammbô serait son œuvre à lui, avec le concours de l'armée : voilà ce que M. de Freycinet n'a pas compris, son excuse est qu'il est tombé avant.

« Et alors au lieu de véritables soldats on a donné à notre pauvre Rivière, des Marocains, une centaine, qui ont refusé les vêtements et accepté les armes, puis finalement les ont déposées... sans combat.

« Aux Marocains succédèrent des Maltais qui se ruèrent incontinent sur les manteaux, les maillots etc. Ce fut un carnage, une boucherie : quand ils se furent servis, il n'y avait plus rien des richesses amassées par Rivière : et celui-ci, les bras croisés, dut assister au pillage et à la lacération des costumes qu'il avait eu tant de peine à réunir.

« Leur œuvre faite, les Maltais se retirèrent gais et contents. On les remplaça par des soldats du bey : les braves garçons auraient preféré qu'on les conduisit aux Ouled-Naïl : résignés, ils acceptèrent. Des débris de manteaux, ils se firent des turbans, avec les pantalons ils se firent des vestes : ainsi défila le groupe de Salammbô ».

Je suis moins sevère que le rédacteur de la *Dépêche*. Je ne sais ce qu'aurait donné sans ces mécomptes le groupe de Salammbô mais, tel quel, j'avoue que je l'ai trouvé splendide. Les questions de détail disparaissaient dans l'ensemble et les imperfections minuscules se noyaient dans la splendeur générale.

C'était bien l'armée des mercenaires qui défilait avec ses fantassins, ses cavaliers aux costumes bizarres, de toutes les nationalités, depuis le Grec casqué et cuirassé d'or, la lance à la main, ou le Gaulois en braies, portant sa framée, jusqu'au Barbare à demi nu, couvert de peaux de bêtes, brandissant sa massue.

Superbe, le char où se tenait en une pose hiératique, avec Mathô à ses pieds, une Salammbô aux formes impeccables, au costume éblouissant. Qui sait, peut-être une arrière-petite-nièce de la véritable princesse ?

Quant à l'éléphant de guerre que les zouaves,— modernes Cuviers,— avaient si savamment reconstitué, il était frappant de naturel. Il s'avançait énorme et majestueux et, quand il recourbait sa trompe grâce à un truc ingénieux, on l'aurait cru de chair et d'os.

Avec les souvenirs de l'œuvre magistrale de Flaubert, c'était une évocation vivante du passé et il ne fallait pas au spectateur grand effort pour se figurer qu'il avait sous les yeux, foulant le même sol qu'il y a deux mille ans, cette armée de mercenaires qui fit trembler Carthage et alla expier sa révolte dans les défilés de la Hache.

17e GROUPE. — (*Couronnement de la rosière de Chikly, dernier continent*).

Chikly est un îlot qui se trouve dans le lac Bahira au Nord-Ouest de Tunis, couvert de ruines pittoresques émergant au-dessus des flots comme quelque gigantesque épave.

Après avoir servi successivement de forteresse aux Espagnols, de lazaret pour les marchandises arrivant contaminées des ports du Levant, d'atelier de construction pour les bateaux de pêche, de poste de télégraphie optique, ce coin de terre est maintenant complètement abandonné. Ses murailles crénelées et croulantes ne sont plus animées que par les oiseaux aquatiques et les grands flamants roses, si toutefois eux aussi ne sont pas devenus des mythes.

Mais pour la sauver de l'oubli, Chikly a ses pompiers qui sont aussi légendaires à Tunis que ceux de Nanterre en France et encore plus problématiques.

Les pompiers de Chikly qui avaient déjà remporté, il y a deux ans, dans la précédente cavalcade, un succès de fou rire ont consacré aujourd'hui leur célébrité.

Je ne puis résister à l'envie de vous reproduire la proclamation lancée par le gouvernement de l'île, un pur chef-d'œuvre qui méritait bien d'être transmis aux générations futures :

PROCLAMATION.

Grand événement à Chikly !!! Une rosière digne émule de celles de Nanterre, de Pontoise et de Fouilly-aux-Oies vient d'être découverte : c'est la première, la seule et unique : aussi le Gouverneur de la principauté décide-t-il malgré les avis différents de la Faculté, qui n'est pas absolument sûre de son sexe (pas celui de la Faculté), qu'à l'occasion des fêtes pour l'inauguration du port, cette perle sera couronnée et promenée en grande pompe dans la capitale de la Régence. Noble encouragement pour cette brave fille qui a su mériter pareille récompense et grande leçon pour les jeunes tunisiennes.

Le Gouvernement décide donc que tout Chikly sera représenté à cette imposante cérémonie.

La tour qui, depuis des siècles, dort dans les eaux tranquilles du Bahira sera transportée à Tunis et figurera au cortège.

Les ministres, le maire, le garde-champêtre, les conseillers municipaux et les notables escorteront le gouverneur.

La musique municipale, que jalousent ses voisins de Tunis, jouera sur tout le parcours des airs inédits dont les principaux sont : le *Beau Nicolas*, les *Pompiers de Nanterre* et le *Petit Bleu*.

Les vétérans des pompiers de Chikly veilleront avec un soin jaloux à ce qu'il ne soit pas porté atteinte à la vertu de la rosière, éclose dans le sein de ce vénérable corps.

Les gendarmes de leur côté surveilleront les pompiers de façon à ce que ces derniers ne se permettent nonobstant aucune liberté vis-à-vis de celle dont il est rémémoré ci-dessus.

En cas de délit dûment constaté, les flamants du corps sont chargés de garder à vue dans la fameuse tour aux oubliettes ceux qui auraient manqué d'égards et de respect envers la gente rosière de Chikly !

. . . .

De fait les sapeurs monumentaux, la canne major éblouissante, les tambours, les clairons, la musique fantaisiste, la rosière, — une fort jolie fille, ma foi, — conduite par le maire, les adjoints et les notables, le gouverneur flanqué de ses ministres, la tour crénelée gardée par des flamants en carton, le tout escorté de gendarmes cocasses et de pompiers grotesques, — à cheval... sur des ânes, — formaient bien le spectacle le plus désopilant qu'on put rêver : et sous ces déguisements comiques, la foule saluait de ses applaudissements les pompiers... de Tunis.

Les XIXe, XXe, XXIe et XXIIe GROUPES exécutés par la Société des tramways de Tunis n'en forment qu'un à proprement parler.

Ce sont des mariés juchés sur des chameaux, entourés de nègres, de négresses, de musiciens indigènes.

Devant eux un tramway, tendu d'étoffes multicolores et enguirlandé de fleurs, contient les invités fort coquettement costumés. Les chevaux étaient remplacés par des chameaux et cet attelage de bêtes ridicules, stupidement solennelles, allongeant de ci de là leurs grands cous velus s'alliait parfaitement au grotesque du groupe.

Un peloton de 50 cavaliers arabes fermait la marche.

. . . .

En résumé cette magnifique cavalcade faisait le plus grand honneur au comité d'organisation, — à M. Rivière, l'éminent sculpteur, qui pendant deux mois n'avait ménagé ni son temps ni ses peines, et aux architectes qui l'avaient secondé dans cette lourde tâche, — à l'autorité tunisienne qui avait prêté ses modestes fantassins et ses superbes cavaliers, — aux corporations de la ville qui s'étaient mises en frais pour produire des merveilles, — et surtout à l'entente de tous les éléments français et étrangers de la colonie. Ils s'étaient réunis dans un commun accord, dans une harmonie parfaite qui est d'un bon augure pour les choses plus sérieuses.

A cinq heures et demie, les derniers cavaliers du goum

défilaient devant les tribunes et une foule immense se précipitait derrière, une foule aux costumes si bariolés, si bizarres qu'elle semblait la continuation de cette cavalcade.

Du reste toute la soirée,on en retrouvait des tronçons épars dans la ville : tantôt on croisait quelque char de triomphe, tantôt on se heurtait à quelque tour branlante regagnant péniblement son hangar ou échouée au milieu de la rue.

Partout des bandes de Gaulois, d'arquebusiers, ou de Romains, des pelotons de grenadiers ou de hussards de la première République, regagnant leurs quartiers respectifs, éreintés, affamés, assoiffés et heureux d'échanger leurs cuirasses, leurs justaucorps ou leurs dolmans d'emprunt contre la jaquette ou le veston.

L'éléphant, avec sa trompe mouvante, avait le privilège d'amuser les badauds et faisait les délices de la population en délire. On en parlera longtemps sous le chaume des gourbis et sur les terrasses de la ville, anisi que des pompiers de Chikly.

Ces braves pompiers, formés en une longue file indienne qui déroulait ses anneaux comme un gigantesque serpent, parcoururent le soir tous les cafés de l'avenue de France, casque en tête, hache sur l'épaule, pompant ferme — les nombreux bocks que leur offrirent les autorités et les admirateurs.

Dieu veuille que, privée de son escorte, la gentille rosière n'ait pas vu sa vertu mise en péril au bal de la fête foraine qu'elle embellissait de sa présence !.

. . . .

Le café Angelvin déborde de clients : c'est à peine si nous trouvons une pauvre petite place pour siroter un vermouth glacé et encore, — comble de la guigne ! —, un consommateur, en lançant d'une table voisine un serpentin sur un char, accroche notre bouteille qui se répand entièrement sur mon malheureux pantalon, — le même qui à Marseille avait déjà pris un bain de pied. Cette fois c'est bien pis, je suis ruisselant, jamais je n'ai tant pris de vermouth à la fois : je semble m'être oublié dans mes culottes. Par bonheur j'ai mon pardessus, je m'y drape malgré 40° de chaleur, pour éviter des commentaires désagréables.

Nous échouons le soir avec Maynard, Kauffmann, et quelques autres amis à la fête foraine où les saillies de Karagouz ne nous amusent guère plus que la première fois. Nous retrouvons au Concert Tunisien les danseuses que nous avons vues à Kassar-Saïd. Ce sont des Juives et elles ne le sont pas à demi ; car, lorsque pour faire la quête, elles circulent dans les rangs des spectateurs, elles répondent aux agaceries des trop entreprenants par cette phrase invariable : « Donne-moi *d'abord* de l'argent ! » Ce sont à peu près les seuls mots qu'elles sachent de français, mais elles les savent bien ; et elles les répètent avec une insistance et une âpreté révoltantes.

Si Moïse a défendu aux Hébreux la chair de lièvre comme impure, les Juives de Tunis détestent particulièrement le lapin.

CHAPITRE VI

Inauguration officielle du port de Tunis. — Une délégation récalcitrante. — La manne des décorations. — Les troupes beylicales et les troupes françaises en Tunisie. — La musique du bey. — Variations sur le chapeau chinois. — Le café Angelvin. — Souvenir ému à sa cuisine. — Le Père Eternel. — Festival et retraite aux flambeaux. — Une soirée à la Résidence.

Dimanche, 28 *mai*.— La journée d'hier a été dure, mais je ne me doutais guère que les suivantes seraient encore plus fatigantes et que pendant trois nuits, je ne me coucherais pas !

O mon docteur, toi qui m'ordonnes une vie régulière et tranquille, où es-tu ? Et ton ombre irritée va-t-elle m'apparaître comme celle de Banquo, pour me reprocher de pareils débordements !

Tranquillisez-vous cependant, mes chastes lectrices, j'en puis faire le récit sans rougir et selon la formule fin de siècle qui remplace maintenant l'ancienne,

« La fille en permettra la lecture à sa mère »

Mais procédons par ordre.

Le dimanche matin, je me rendais — officieusement, à la cérémonie de l'inauguration solennelle du port de Tunis.

Je découpe ici pour la description de la partie officielle, l'article de la *Dépêche Tunisienne* :

« Le 28 mai est pour Tunis une date plusieurs fois historique :

« Le 28 mai 1577, il y a deux cent seize ans, le roi Henri III créait à Tunis un consulat de France.

« Le 28 mai 1836, on promulguait une loi qui a été le seul instrument mis à la disposition de la magistrature française pour lui permettre au début de notre installation de rendre la justice à nos nationaux. L'article 75 en effet lui donnait le droit de punir des peines édictées par les lois françaises, toutes les contraventions, délits ou crimes commis par les Français dans une des Echelles du Levant ou de Barbarie.

« Le 28 mai 1884, le Président de la République désormais protectrice de la Régence, donnait la garantie de l'Etat Français à l'emprunt 4 0/0 de 6.307.520 francs émis par le gouvernement beylical.

« Le 28 mai 1890, parachevant notre œuvre de liberté et de paix, l'interdiction de l'esclavage en Tunisie était formellement et officiellement renouvelée.

« Le 28 mai 1893, à 10 heures moins un quart du matin, M. Rouvier, le quatrième Résident Général depuis notre installation dans ce pays, déclarait le port de Tunis ouvert à la navigation.

« Et au moment où il prononçait ces paroles, S. A. le Bey entourée de toute sa cour, deux ministres du gouvernement français, le corps diplomatique et consulaire, les représentants de l'Algérie, de l'armée, les envoyés de la presse française et étrangère, les corps élus et constitués du pays, une foule énorme, assistaient au milieu des drapaux et des oriflammes battant au vent, au milieu des détonations, des salves d'artillerie, au milieu de la joie populaire et du contentement universel (1) à l'entrée de nos navires de guerre et d'un paquebot d'une de nos plus puissantes compagnies dans le bassin du nouveau port, affirmation et consécration de nos travaux, de nos efforts et par conséquent de nos droits de Tunisie.

« Voilà pourquoi le 28 mai, comme nous le disions plus haut est pour la Tunisie une date fatidique qui marque une à une depuis 1577 jusqu'à nos jours, nos glorieuses étapes dans la Régence.

. . . .

« Sur l'avenue du port laissée libre aux porteurs de billets d'invitation, un service d'ordre parfaitement entendu avait été installé par les soins de M. le commissaire central ; des agents et des cavaliers du 4e chasseurs d'Afrique étaient échelonnés jusqu'aux tribunes, brillamment décorées et pavoisées.

« Un bataillon du 4e zouaves avec colonel, musique et drapeau, était massé près de l'entrée : en face une compagnie de la garde beylicale et sa musique.

« Les musiques *la Valette* de Malte et celles de Tunis, la première ayant arboré le magnifique étendard que lui donna le Bey, il y a deux ans, la musique de Sfax, l'Harmonie Française, la Chorale, avaient pris position près de la tribune de gauche.

(1) Universel ?... Hum ! Hum ! M. le rédacteur de *la Dépêche*, vous oubliez peut-être nos amis les Italiens ?... (Note de l'auteur).

« A 8 heures et demie, les tambours battent aux champs pour l'arrivée de M. le général de division Gillon, Président du comité du génie à Paris, qui fait son entrée dans l'enceinte donnant le bras à Madame la générale Leclerc : viennent ensuite MM. les généraux de Sesmaisons, Faverot de Kerbreck et Leclerc.

« A 8 h. 38, arrivée des ministres qu'accompagne M. Riffaut, premier sécretaire d'ambassade. Les troupes rendent les honneurs. Les ministres sont reçus par le général Mohamed-el-Asfouri, Président de la Municipalité, MM. Cambiaggio, Château et Proust du Comité des fêtes : le canon tonne.

« Arrivent ensuite le premier ministre, le ministre de la Plume et leur suite, salués par l'hymne beylical joué tour à tour par la La Valette de Malte et la Sfaxienne.

« A 8 h. 50, l'hymne beylical se fait entendre de nouveau, c'est S. A. le Bey qui arrive dans sa voiture de gala, accompagnée par M. Rouvier, Résident Général qui se trouve à sa droite ; par S. E. Taïeb-Bey et les princes du sang. S. A. le Bey monte à la tribune du centre et prend place sur un trône qui lui est préparé, avec à sa droite, M. Guérin, garde des sceaux et M. Rouvier, à sa gauche M. Poincaré, ministre de l'Instruction Publique.

« Au même moment l'*Hirondelle* débouche du canal et un yacht à vapeur l'*Hermine*, croyons-nous, appartenant à M. le Comte de Montaigu, tire des salves.

« A neuf heures dix minutes, la *Couleuvrine*, torpilleur de haute mer, fait son entrée à son tour et se range non loin de l'*Hirondelle*.

« La *Chorale* vient alors se grouper aux pieds de la tribune officielle et entonne la magnifique cantate « *A la France* » de M. Ferdinand Huard, dont les mâles paroles et la musique grave et sévère de E. Bourget font vibrer les cœurs à l'unisson.

« Dans le canal on aperçoit grossissant de plus en plus et bientôt débouchant dans le bassin, l'*Isaac Pereire* de la Compagnie Transatlantique portant à son bord le maire de Marseille.

« Commence la série des discours qui se succèdent dans l'ordre suivant : Si Mohamed-el-Asfouri, comme Président de la Municipalité ; M. Ventre, comme Président de la chambre de Commerce ; M. Guérin, garde des sceaux : discours de S. A. le Bey, lu par Si Mohamed Djellouli, Ministre de la Plume et traduit par le Général Valensi, premier interprète. A l'issue de ce discours, les Ministres présentent leurs compliments à S. A. le Bey qui leur serre la main. M. le Résident Général termine la série ».

Voici les discours prononcés :

. . . .

Oh ! rassurez-vous, mes chers lecteurs, je ne veux pas abuser de votre bienveillance pour vous donner tous ces morceaux oratoires. L'éloquence servie à froid ne vaut rien. Je puis du reste vous en donner un résumé succinct mais fidèle, en disant qu'on se congratulait réciproquement et que chacun, à charge de revanche, passait la main sur le dos de son voisin. Le bey cependant, restait impassible sur son trône et essuyait sans sourciller cette éloquence à jet continu. Je l'admirais réellement, moi qui me surprenais à bâiller quelque peu.

Je suis un drôle de corps, mais dans les cérémonies les plus solennelles, je néglige le principal pour ne songer qu'à l'accessoire ; j'oublie tout pour regarder un costume chamarré ou un joli minois. J'ai bien la meilleure intention du monde, le plus ferme propos de ne plus retomber dans mon péché favori : mais, crac ! au moindre incident, mon attention s'échappe, mon esprit s'égare, et mes résolutions s'évaporent.

Aussi croiriez-vous qu'au beau milieu du superbe discours de M. X...., j'ai perdu le fil de la harangue pour un détail minuscule !

Une société quelconque, — du Midi certainement — était venue se camper au plus dru, devant les tribunes, avec un immense drapeau déployé qui bouchait la vue. Un agent de police fit remarquer très poliment à ces Messieurs qu'ils n'étaient pas à leur place, mais ils ne firent que rire de ces observations. De quoi ? un agent de police qui se mêle maintenant de donner des ordres aux délégués de Trépagny-les-Marseille ! Il ferait beau voir.

Un commissaire du Comité des fêtes, d'une façon respectueuse mais ferme, leur réitère l'observation. Le chef se fâche, mais comprenant qu'il faut céder, s'écrie d'un ton mélodramatique : « Partongs ! on nous renvoille ! » et, les délégués, drapeau en tête, rouges comme des coqs en colère, emboitent le pas et s'écrient comme un seul homme : « Partongs ! on nous renvoille ! »

Ah ! cap de Diou ! on a bien vu qu'elle n'était pas contente, la délégation de Trépagny-les-Marseille !

Ces diables d'hommes avaient un air farouche et dédaigneux qui semblait dire : « Ma foi, que l'inauguration se fasse comme elle pourra sans nous ! Nous secouons sur vos cérémonies ridicules la communauté de notre mépris et la poussière de nos semelles ! »

Et l'inauguration s'est faite comme elle a pu !

Après les discours, tombe la manne bienfaisante, mais trop parcimonieuse des décorations variées, depuis le modeste *poireau*, — la première station du chemin de la Croix —, jusqu'au ruban rouge, le but de toutes les ambitions. Beaucoup d'aspirants, peu d'élus. Pourquoi, hélas ! ne peut-on décorer tout le monde et pourquoi faut-il qu'il y ait dans de pareilles solennités des ombres au tableau et des boutonnières restées vierges ! .....

L'inauguration terminée, le bey remonte dans son carrosse doré, traîné par six mules. Nous autres Français, qui ne sommes plus habitués aux splendeurs des cours et qui ne voyons de voitures semblables qu'aux exhibitions de l'Hippodrome, nous regardons curieusement ce cortège.

En tête, un piquet de cavaliers de la garde beylicale ; des aides de camp caracolant aux portières ; derrière, une escorte de généraux et de dignitaires : l'un d'eux a une carabine suspendue à son baudrier, la crosse en l'air, ce doit être le grand veneur, un autre porte un énorme bidon, c'est pour le moins le grand échanson, et cet autre avec un formidable coutelas représente sans doute l'écuyer tranchant. — Suppositions purement gratuites ! — Des spahis, le fusil au poing, ferment la marche.

Le cortège s'ébranle dans un grand désordre de chevaux et de mules qui s'ébrouent, hennissent, ruent, se cabrent, et disparaît au grand galop au milieu d'un tourbillon de poussière.

Pendant ce temps l'élément européen s'en va luncher sur le *Touache* et *l'Isaac Pereire*. Le fait est que tous ces discours ont diablement creusé nos estomacs et qu'à ce moment, on préfère une tranche de jambon au plus beau morceau oratoire.

Au milieu des rires perlés et des caquetements joyeux, les jolies Tunisiennes sablent le champagne avec un entrain adorable et croquent à belles dents le corail des cerises ou les petits fours dorés. — C'est ainsi n'est-ce pas que s'expriment nos courriéristes dans leurs comptes rendus mondains?

Après m'être lesté de quelques sandwichs arrosés de deux doigts d'un bordeaux vénérable, je m'en vais flâner du côté des troupiers qui forment la haie. Il y a là des groupes amusants et c'est à qui me demandera de le photographier. Je prends ainsi les sapeurs des zouaves, la musique, et en tête de sa batterie le superbe tambour-major du 4e. Avec sa figure basanée, encadrée par une superbe barbe en éventail, bien peignée, galonné jusqu'aux épaules, appuyé nonchalamment sur sa canne, il a l'air d'un demi-dieu au repos. Que de ravages il doit faire dans les cœurs inflammables des soubrettes tunisiennes sans négliger subsidiairement les plantureuses cuisinières : blanches ou noires, enropéennes ou indigènes !

Mais ce qui m'attire le plus, ce sont les troupes du bey représentées par les quelques cavaliers de l'escorte, une compagnie d'infanterie et la musique, — une partie notable des forces beylicales.

Et pourtant, elle a eu ses jours de grandeur et de gloire, cette armée tunisienne, quand elle fournit à la Turquie une dizaine de mille hommes qui se battirent vaillamment en Crimée !.. Mais depuis, elle était tombée dans un tel état de misère, qu'au moment de l'expédition française, les soldats fort peu habillés et encore plus mal payés, étaient réduits, en montant leur garde, à tricoter des bas ou à fabriquer de menus objets qu'ils vendaient aux étrangers. Ces petits bénéfices remplaçaient une solde problématique. Les officiers du reste étaient logés à la même enseigne.

Je me souviens encore, lors de mon premier voyage à Tunis d'avoir vu en entrant chez mon hôte, l'excellent M. D.., un grand gaillard, l'uniforme chamarré de galons et de décorations, je me découvris avec respect, le prenant pour quelque général ; je saluais tout bonnement le portier, lequel était à vrai dire, un ancien commandant tunisien. Quant aux colonels, ils servaient couramment de cicerone et de garçons de salle dans le Bardo.

Aujourd'hui on a licencié ces troupes inutiles en ne laissant que pour la forme au bey une garde qui prend pompeusement dans l'Annuaire le nom d'armée tunisienne. Elle est composée d'un bataillon d'infanterie, à 4 compagnies, d'un peloton de cavalerie, de trois sections d'artillerie et d'une trentaine de musiciens. Il y a bien en tout cinq à six cents hommes, casernés en partie au Bardo et en partie à la Marsa, la résidence habituelle du bey.

Leur costume se rapproche sensiblement du costume

de nos zouaves : le fez rouge avec plaque de cuivre, la veste bleu foncé à passepoils écarlates. Mais, contraste bizarre, alors qu'on a donné à nos troupiers les larges culottes arabes, les Tunisiens portent le pantalon étriqué de nos lignards, rouge pour les fantassins et les cavaliers, bleu pour les artilleurs.

La cavalerie n'est distinguée que par la basane de ses culottes et son énorme bancal.

L'armement est le même que le nôtre.

Bien que les officiers soient indigènes, les commandements sont faits en français et je suis persuadé que, le cas échéant, la petite armée tunisienne saurait faire vaillamment son devoir.

Du reste le corps expéditionnaire n'est lui-même pas nombreux, c'est une simple brigade comprenant :

Un régiment de zouaves dont la portion principale est à Tunis avec des détachements à la Goulette, Bizerte, Aïn-Draham et Tabarka ;

Une compagnie de discipline, à Gafsa :

Un bataillon d'infanterie légère à Gabès et un autre au Kef.

Un régiment de chasseurs d'Afrique dont la portion principale est à Tunis (la Manouba) avec des détachements au Kef et à Souk-el-Djemaa :

Quatre batteries d'artillerie :

Une compagnie du génie :

Trois compagnies du train des équipages (Tunis, Gabès, Sousse).

Et les troupes d'administration, infirmiers, commis et ouvriers militaires, répartis dans tous les postes.

A ces troupes d'origine exclusivement française, il convient d'ajouter les troupes indigènes fournies par le recrutement qu'on a laissé exister tel qu'il était autrefois, mais qu'on doit prochainement modifier.

Elles forment :

1° Le 4e régiment de tirailleurs, dépôt et portion principale à Sousse, bataillons à Monastir, Kairouan, Habjeb-el-Aïoun et Zaghouan.

2° Le 4e régiment de spahis, dépôt et portion principale à Sfax, escadrons détachés à Gabès et à Gafsa.

La station navale est composée de l'*Hirondelle*, un croiseur de 1200 tonneaux, 6 canons, 150 hommes d'équipage, commandé par un capitaine de frégate et du torpilleur 30 monté par 10 hommes sous les ordres d'un lieutenant de vaisseau.

C'est avec ces seules forces et quelques brigades de gendarmerie que, sur terre et sur mer, nous maintenons notre autorité et le respect du drapeau français, au milieu d'une population d'ailleurs très pacifique de douze cent mille âmes, sur un territoire dont la superficie égale plus du tiers de celui de la France.

Si j'ai fait cette digression, un peu longue peut-être, mais très instructive au fond, c'est moins pour étaler des connaissances militaires que je dois à la complaisance du capitaine Menon que pour montrer combien cette Tunisie, qui nous a si peu coûté à conquérir, est facile à garder.

Et quand je songe que l'Angleterre entretient au plus deux mille hommes en Egypte pour la protéger, — et au besoin pour y fomenter des révoltes qui servent de prétexte pour retarder indéfiniment l'évacuation,—quand je songe qu'il n'aurait fallu qu'un ou deux de nos régiments débarqués sur les rives du Nil pour en faire, comme pour la Tunisie, une terre française, je ne puis m'empêcher de trouver qu'ils ont commis une bien lourde erreur, une bien grosse faute politique, ceux qui se sont opposés à cette pacifique expédition !

. . . .

En quelles digressions intempestives vais-je là m'égarer ! Me voilà loin de la compagnie beylicale près de laquelle je me suis arrêté.

Je fais un brin de causette avec ses deux officiers : un capitaine et un lieutenant. Ils sont surtout ravis que je les photographie, dans toutes les attitudes, — au repos, à la parade, le sabre au poing. Ils font même ranger leurs soldats qui familièrement regardaient par dessus nos épaules et commandent : Fixe. Je vois le moment où on va me porter les armes ou plutôt à mon appareil pour que je puisse prendre les chefs dans toute leur splendeur.

Mais ce qui m'intéresse encore plus, c'est la musique du bey, complètement vêtue de rouge des pieds à la tête avec des brandebourgs jaunes. Délices des yeux et des oreilles ! pour emprunter au Tintamarre son style pittoresque, elle *tire l'œil* à cent mètres — et de ses instruments des sons étranges et parfois justes.

C'est là que pour la première fois de ma vie, j'ai vu, comment dirai-je ? manier, remuer, agiter, secouer un chapeau chinois. Cet instrument bizarre faisait l'orgueil des musiques du premier Empire et de notre Garde Nationale, mais je ne l'avais jamais contemplé que dans des panoplies musicales remplissant un rôle muet et décoratif : je le considérais un peu comme un instrument fabuleux à l'instar des trompettes de Jéricho. J'avais essayé d'en jouer dans une soirée, mais j'ignorais les premiers principes.

Je viens d'être initié. La musique du bey n'en possède pas moins de deux, flambants neufs, ornés de clochettes et décorés aux extrémités de queues de cheval peintes en rouge.

Cet instrument n'est pas ce qu'un vain peuple pense : une espèce de parapluie destiné à abriter le musicien contre le soleil ou la pluie.

Non ! c'est un instrument dont on joue et il faut savoir jouer.

Outre la vocation de naissance, il demande un doigté, ou plutôt un coup de poignet, qui ne s'acquiert que par une pratique longue et patiente. Tantôt il faut agiter discrètement l'appareil pour que les clochettes tintinnabulent doucement en se mêlant au trémolo de l'orchestre. Tantôt par un coup sec, les sonnettes résonnent stridentes, appuyant les notes profondes de la grosse caisse. Bref c'est tout un art et le musicien qui me donne ces détails dans un langage sabir, demi francais demi arabe, avec preuves à l'appui, me semble fort pénétré de la prééminence de son rôle.

Tandis que j'écoutais ses explications, placé en serre file de la musique, les voitures officielles étaient passées et, étouffant d'énormes bâillements, les chefs donnèrent enfin le signal du départ.

En tête la cavalerie, puis le bataillon des zouaves et pour fermer la marche, l'infanterie beylicale qui comptait bien 50 hommes, mais ses deux tambours faisaient autant de bruit que toute la batterie des zouaves.

Dans l'avenue du port où les troupes étaient par files de quatre, les soldats du bey faisaient encore figure, mais quand sur la Marine les zouaves se déployèrent en files de 25 ou 30 hommes, la pauvre petite compagnie qui eut à peine fourni deux rangs, aurait semblé misérable d'autant plus que ses clairons époumonnés ne lançaient que des sons rauques, et que ses tambours éreintés n'agitaient plus que mollement leurs baguettes.

Heureusement les officiers, par une tactique savante, sauvèrent l'honneur national. Laissant là le gros des troupes, ils prirent à droite et, à travers les rues étroites, les hommes qui se suivaient à la file indienne formaient presque une armée tandis que les tambours et les clairons, retrouvant leur ardeur en approchant de la caserne, faisaient rage de leurs quatre instruments.

Les sandwichs du *Félix Touache* avaient depuis longtemps été rejoindre le chocolat de Béchir-ben-Béchir : je mourais de faim et de soif quand j'échouai à midi et demi au café Angelvin.

Comme j'y ai passé une certaine partie de mon temps il n'est pas hors de propos que j'en donne ici un léger croquis.

Le café de Tunis, — Angelvin propriétaire, — est situé à l'angle de la rue Es-Sadikia et de l'avenue de France : une position excellente mais fort coûteuse, puisque la location annuelle ne s'élève pas à moins d'une dizaine de mille francs.

L'établissement ne date que de deux ou trois ans

mais il est en train de devenir le premier café-restaurant de Tunis, grâce à sa situation, à l'aménité des patrons et à son excellente cuisine. C'est avec le Grand Hôtel, le seul endroit où l'on sait manger, encore est-il incomparablement plus gai. Avec ses tables débordant sur le trottoir et toujours bondées, il me rappelait les terrasses des cafés de nos grands boulevards.

La chère particulièrement soignée par un chef émérite est fort bonne. Je me souviens notamment un certain dîner que je fis avec trois amis représentant l'élite des finances, du barreau et de la sureté publique. L'eau me vient encore à la bouche en me rappelant ces crevettes énormes — de petits homards —, cette sole au vin blanc et aux truffes — un rêve, ces petits pois tendres comme la rosée ou le cœur d'une modiste, ce qui n'est pas peu dire, ce poulet de grain flanqué de cailles grassouillettes, cette salade russe où la truffe jetait sa note noire dans la verdure, cette compote d'ananas au kirsch, ces fromages, — un poème..... en prose, — *en vers* prêterait a une équivoque fâcheuse, et ces pyramides de fruits savoureux !

Ah ! mes amis, à trois mois de distance, j'en ai encore la reconnaissance du ventre !

C'est là que nous prenions nos repas, Maynard, Kauffmann, Lemarquier, Paillart, dit Bas de Cuir, — un grand chasseur devant l'Éternel, s'il en fut — et moi. Toché, s'y retrouvait également ainsi que toute sa bande avec laquelle nous fusionnions souvent.

Nous fîmes de concert quelques plantureux repas dont le souvenir m'attendrit encore d'une gastronomique émotion. O cette poule de Carthage (1) bastionnée de grives que le patron réservait pour sa table et qu'il nous offrit certain soir, combien délicieuse, dirait un décadent et combien gaies, ces agapes amicales où jamais l'ombre d'une discussion politique ou autre ne s'éleva entre nous ! Quels francs éclats de rire et quels coups de fourchette !

Ce n'est pas à dire que nous n'ayons fait au café Angelvin que fins dîners. Les prix étaient des plus abordables et quand peu à peu mes camarades égrenés par le départ m'eurent laissé presque seul, je déjeunais très convenablement pour deux ou trois francs, avec deux œufs et le plat du jour.

C'est qu'il faut être sobre en Tunisie surtout quand arrivent les chaleurs. Si vous tenez à votre santé, vous devez vous interdire les liqueurs et la gamme des apéritifs dont on abuse généralement. Pas de bière ni de boissons glacées. Quoi alors? Aux repas, du vin largement coupé d'eau et dans la journée, du café : du café tant que vous voudrez, c'est une boisson tonique et vous pouvez sans crainte accepter les tasses minuscules qu'on vous offrira chez tous les marchands arabes ou juifs.

J'ai décrit le restaurant Angelvin, il me reste à esquisser en deux coups de crayon le portrait de son propriétaire. C'est un homme d'une cinquantaine d'années, fort et robuste. Sa figure haute en couleur encadrée par une barbe et des cheveux entièrement blancs faisait songer à une praline douillettement enveloppée dans de l'ouate. Il était d'ordinaire fort galamment vêtu d'une flanelle

(1) On appelle ainsi en Tunisie la cane-petière.

immaculée, mais ce qu'il avait de plus beau, c'était une superbe barbe, bien peignée, descendant sur sa poitrine en vagues d'argent et, à la moindre brise, s'enlevant en de neigeuses envolées. Il avait un faux air du Jehovah tel qu'on le représente dans les Bibles et nous l'appelions — entre nous — le *Père Eternel* ! Pauvre cher homme ! si ce modeste livre tombe quelque jour entre ses mains qu'il nous pardonne cet innocent sobriquet.

On aurait pu bien plutôt le nommer le *Restaurateur des lettres*, car à défaut d'une clientèle de littérateurs ou de journalistes, comme Brébant, les consommateurs venaient dans son café faire leur correspondance. « Garçon ! un bock et ce qu'il faut pour écrire ! » que de fois ces mots n'ont-ils pas retenti à mes oreilles et je voyais alors quelque voyageur suant à grosses gouttes, accouchant péniblement d'une missive quelconque.

J'aperçois encore la petite table où moi-même j'écrivais mes lettres, où je rédigeais ces notes rapides. J'étais comme chez moi chez cet excellent père Angelvin : avec ma table spéciale à la terrasse, une autre au restaurant, un coin réservé et une patère spécialement affectée à mon vestiaire.

La demeure de Sidi Béchir-ben-Béchir était en effet très hospitalière, mais fort éloignée du quartier français, le centre des fêtes : il ne fallait pas moins de cinquante minutes pour s'y rendre. Aussi dès huit heures du matin, je dévallais par les rues Abd-el-Oitheb, du Henné, le Souk des armes jusqu'à la porte Bab-Djedid, où je prenais le tramway, toujours impénétrablement drapé dans mon pardessus.

Ce pardessus avec ses poches nombreuses et insondables me tenait lieu de valise : guide, lorgnette, albums, crayons, block-notes, étui à cigares, pipe, boîte d'aquarelle, gants, tout s'y engloutissait comme le fameux vêtement qui servait de bibliothèque ambulante au légendaire Colline.

Je me déchargeais chez le père Angelvin, pour ne les retrouver que le soir, de mon pardessus hybride, de mon parapluie, de mon appareil à photographie, souvent même de mon gibus et de ma redingote que j'apportais sur mon bras quand j'avais une visite officielle à faire dans la journée. Je passais alors dans mon coin réservé, j'enlevais pudiquement mon veston (1), j'enfilais mon costume de cérémonie, j'allais me laver au lavabo voisin et, au lieu du voyageur fatigué et poudreux, apparaissait un gentleman correct et reposé.

Si je suis entré dans ces détails, peut-être par trop intimes, ce n'est pas pour faire à cet excellent père Angelvin une réclame dont il n'a pas besoin : ce n'est que le juste tribut de ma reconnaissance pour les soins et les attentions dont il m'a entouré ainsi que sa famille pendant toute la durée de mon séjour à Tunis.

Cette après-midi, redoutant les ardeurs d'un soleil tropical et harrassé par les fatigues des jours précédents, je n'ai pas bougé du café. Du reste, il n'y a que des con-

(1) Kauffmann, qui est une mauvaise langue, prétendait même que j'y changeais de culotte, mais la chose est absolument controuvée et ma décence bien connue me met à l'abri de semblables assertions.

cours musicaux et des courses nautiques d'un intérêt relatif.

Défilés de sociétés qui s'acheminent au lieu du concours, bannières déployées, jouant des airs variés au milieu d'une foule énorme.

Voici les musiques de Tunis : la *Chorale*, *l'Harmonie Française*, la *Juvenes carthaginis* ; — les *Enfants de Bône* et la *Lyre Bônoise* ; — la *Concordia* de la Goulette ; — les musiciens de Sfax avec des dolmans noirs zébrés de bleu et des shakos aux plumets rouges flottant au vent, semblables à des hussards démontés. — Ceux de Malte en spencer et en pantalon noir, coiffés de petites casquettes anglaises à visière minuscule précédés de leur immense bannière, cadeau de S. A. le Bey.

Et combien d'autres que j'oublie !

Les pas redoublés, les marches enlevantes, la *Marseillaise* alternent avec l'hymne beylical. Miracle ! je n'ai pas ouï l'hymne russe ! En revanche j'ai été régalé par les musiques anglaises d'auditions suffisantes du *God save the Queen*.

Toutes ces sociétés s'en vont au concours où pendant des heures on va faire beugler le piston et pleurnicher la clarinette. J'en ai un frisson dans le dos. Enfin si cela les amuse, je ne demande pas mieux. On me traitera d'odieux profane accessible seulement aux charmes du chapeau chinois... Erreur ! j'interromps de temps à autre la rédaction de mes notes pour gratter en sourdine les deux cordes d'une guitare primitive que m'a vendue Salem. L'excellent garçon avait posé devant moi pendant au moins trois minutes pour me permettre de prendre un croquis de sa face réjouie et noiraude. Afin de l'en récompenser, je me suis laissé aller à lui acheter cet instrument plus ou moins harmonieux, mais certainement bien gênant.

A dix heures du soir, nous grimpons sur des chaises pour voir passer la retraite aux flambeaux qui annonce la clôture de la fête, comme il y a huit jours, elle en publiait l'ouverture.

Formée d'éléments français et indigènes, elle n'a pas la banalité obligatoire de ces sortes de cortèges.

En tête, s'avançe au pas de leurs petits chevaux un fort peloton de chasseurs d'Afrique portant des torches.

Derrière les trompettes et la musique du régiment, lançant ses fanfares gaies et sonores si crânement enlevées.

Puis les tambours des zouaves dont les sourds roulements se marient si bien à leur excellente musique.

Ils sont précédés, flanqués et suivis d'une double file de fantassins, élevant au bout de longues perches des lanternes vénitiennes.

Mais ce n'est pas fini : après la retraite française, voici la retraite arabe.

D'abord les cavaliers du contrôle, enveloppés comme des spectres dans leurs haïks blancs sur lesquels les torches jettent un reflet rougeâtre et sinistre.

Ensuite de longues théories d'artistes indigènes, frappant la derbouka, jouant de la clarinette, au milieu de nègres vêtus de blancs et portant des lampions.

La musique beylicale, dans son costume rouge, qu'avive encore l'éclat des lunières, égrène ses mélopées monotones et mélancoliques.

Puis une troupe de chameaux montés par des indigènes armés de bâtons où se balancent des ballons de couleur.

Pour fermer la marche, le fusil au poing, une trentaine de ces goumiers que nous avons déjà admirés à la fantasia.

Tout cela défile au milieu d'une foule énorme et les Arabes juchés sur leurs chameaux, balancés par la marche cadencée de ces animaux, produisent un effet bizarre. On dirait des matelots avec des fanaux montés sur des barques que soulèveraient les flots d'une mer humaine.

Cesriches costumes, ces uniformes éclatants étincellent sous l'éclat des illuminations, des feux de Bengale qu'on allume de place en place et qui embrasent l'avenue de leurs lueurs rouges ou vertes, tandis que le feu d'artifice qu'on tire au loin lance dans le ciel ses gerbes lumineuses et multicolores.

Et quand le cortège arrive à la Porte de France dont l'arcade est éclairée par des verres de couleurs qui en dessinent l'architecture en traits de feu, devant la Porte de de France où flotte un immense drapeau français, — c'est un gigantesque hourrah qui s'échappe de nos poitrines, saluant ces deux civilisations si diverses, si opposées, réunies maintenant dans un seul amour de la France !

. . . .

Mais nous n'en avons pas encore fini avec les fêtes.

A dix heures, Dutemple, Maynard, Kauffmann et moi nous nous rendons ensemble au bal de la Résidence.

L'hôtel et les jardins sont splendidement illuminés à l'électricité.

Les salons, du reste assez petits, ne tardent pas à être envahis. Tout le hig-life est là, se confondant avec l'armée, une foule de fonctionnaires français et tunisiens, fort chamarrés et plus ou moins nichamés, ont répondu à l'invitation du Résident Général et de Madame Rouvier qui font les honneurs du bal avec une cordialité et une bonne grâce charmantes.

S. A. le bey était venu exprès de la Marsa faire une apparition à la soirée et contemplait d'un œil impassible ces beautés au teint mat, aux grands yeux noirs langoureux, aux blanches épaules, qui tourbillonnaient emportées par des valses.

Au risque de causer à mes lectrices une légère déception, je n'entreprendrai pas de décrire ces toilettes d'une extrême élégance. On s'habille à Tunis aussi bien qu'à Paris et l'on s'y déshabille encore plus audacieusement.

En raison de la chaleur — sans doute — les décolletages les plus téméraires étaient à l'ordre du jour : en pointe, en carré, en cœur, par devant, par derrière, il y en avait pour tous les goûts. Les savantes indiscrétions des corsages nous révélaient suffisamment la topographie féminine pour nous apprendre que la Tunisienne est fort agréablement vallonnée.

Où ces faibles femmes, ces sveltes jeunes filles qui, depuis huit jours avaient été de toutes les fêtes, puisaient-elles encore des forces pour supporter de pareilles fatigues ? Je l'ignore, mais je vous assure qu'il n'y paraissait guère et moi-même, afin de soutenir l'honneur de la métropole, je retrouvai des jambes pour danser jusqu'au jour.

A deux heures du matin, on mit le buffet au pillage : en un clin d'œil, les sandwichs disparurent comme par enchantement, les pâtés furent éventrés, les pièces de résistance comme les quartiers de viande froide, les jambons et les volailles marbrées de truffes durent capituler devant l'appétit général. Le champagne coulait à flots emplissant les coupes de sa liqueur ambrée et jetant sa gaité dans l'assemblée déjà très animée.

Le souper nous rendit de la vigueur et deux splendides cotillons magistralement conduits par les officiers de la Résidence nous menèrent jusqu'à l'aube.

Il faisait grand jour quand on songea, non sans peine, à quitter la place et à déserter le combat. Et c'était charmant de voir nos danseuses encombrées d'accessoires de cotillon, balancer au vent les gracieuses bannières qu'on leur avait distribuées en souvenir de cette fête. On eut dit un escadron de gentils petits lanciers.

Cinq heures sonnaient quand je quittai la Résidence : les tramways ne marchaient pas encore, les voitures avaient été réservées aux dames, je regagnai à pied mon logis en grillant un cigare et en humant délicieusement l'air frais du matin.

Tandis que je rentrais me coucher, la vie ouvrière s'éveillait déjà. Des équipes de nègres partaient pour des travaux de terrassement, la pelle ou le pic sur le dos, de tous côtés arrivaient pour le marché de longues files de chameaux chargés de verdure, des bourricots pliant sous le poids des lourds paniers de fruits ou de légumes, des maraîchers avec leurs *arabas* chargées de cages à poulets ou de barils de poisson.

Et je n'étais pas peu étonné de me trouver à pareille heure dans les rues de Tunis en gibus et en habit noir.

CHAPITRE VII

Lendemain de fêtes. — Les chansons des terrassiers nègres. — Un mendiant typique. — Embauchage difficile. — Mon déserteur. — Une nourrice originale. — Cauchemar et surprise.

Lundi 29 mai. — Les cérémonies sont terminées : Tunis présente cet aspect un peu triste des lendemains de fêtes. Des lanternes vénitiennes roussies, à demi consumées pendent çà et là, les transparents se trouent, les trophées et les écussons en carton s'inclinent lamentablement plus ou moins disloqués. Déjà les étrangers s'en vont : on ne rencontre que des gens portant des valises, des musiciens avec leurs instruments dans leurs gaînes de cuir. Tunis — et je ne m'en plains pas — va reprendre sa vie habituelle. En attendant, la population fatiguée et mal en train, s'étire les bras sans grand courage pour recommencer son labeur quotidien, après huit jours entiers de nopces et festins.

Voilà cependant des intrépides qui ont déjà repris leur besogne. Ce sont des nègres employés à faire les fondations des maisons. Très curieuses, ces équipes de noirs travailleurs. Ils sont divisés par escouades de dix ou douze hommes sous la direction d'un espèce de caporal ou de chef qui les surveille et soutient leur ardeur en chantant. Ils font, les malheureux, un métier pénible entre tous. Enfoncés dans de profondes tranchées, ils foulent le sol avec des hies, les pieds dans une boue putride, exposés aux ardeurs du soleil, respirant sans cesse les miasmes délétères de ce sol marécageux. Il n'y a que des Soudanais pour supporter de pareilles fatigues, une atmosphère semblable et l'on ne peut s'empêcher d'en avoir pitié en les voyant ruisseler de sueur sous ce ciel de plomb.

Le chef cependant chante, chante toujours, faisant le simulacre des mouvements qu'ils exécutent réellement, cadençant par ses chants le travail de ses subordonnés. Quand je parle de chants, ce sont plutôt, d'après ce qu'on m'a expliqué, des improvisations chantées qui n'ont souvent ni queue ni tête, mais dont le rythme encourage les ouvriers. Le chef s'écriera par exemple avec des modulations plus ou moins inspirées : « Tiens ! une jolie femme qui passe ! Travaillons pour la jolie femme qui passe ! » Et tous de reprendre en donnant avec ensemble des coups de hie sur le terrain fangeux : « Tiens ! une jolie femme qui passe ! Travaillons pour la jolie femme qui passe ! »

En m'approchant d'une équipe, j'ai été régalé, m'a dit l'ami qui m'accompagnait, d'un : « Voici un bon Monsieur blanc qui s'approche ! Le bon Monsieur blanc va peut-être donner un pourboire aux pauvres nègres ? Un coup pour le bon Monsieur blanc qui s'approche ! » Je n'ai pas voulu me dérober à cette invite indirecte, j'ai donné au chef quelque menue monnaie pour distribuer à ses hommes et, en m'éloignant j'entendais, avec le bruit sourd des hies retombant en cadence, les pauvres diables chanter gaiement : « Un coup pour le bon Monsieur qui s'en va ! »

. . . .

La journée a été consacrée aux Beaux-Arts. Nous nous lançons en voiture, Toché et moi à la poursuite du fils du caïd de Mateur dont il fait le portrait... Personne. Cependant nous ne revenons pas bredouille : en passant sur la place de Carthagène, Toché tombe en arrêt devant un mendiant étalé au soleil. Absolument typique, vieux, sordide, et positivement habillé de trous, — métaphore hardie qui rend seule ma pensée, tant son caftan était percé, rapiécé, effiloqué et lamentable.

Le bonhomme se livrait sur lui-même à une de ces chasses fructueuses que Murillo a immortalisée dans son fameux tableau du Louvre, *Le petit Pouilleux.* Avec sa douce philosophie, il me rappelait Job sur son fumier.

Sauter de la voiture fut pour Toché l'affaire d'une seconde, et le voilà qui entame avec l'Arabe de longs pourparlers pour le décider à venir poser dans son atelier : les négociations sont d'autant plus difficiles que Toché se croit obligé de ne pas parler français ; mais il a beau employer l'italien, l'Arabe n'en connaît pas un mot, il ne sait ce qu'on lui veut et, ayant peut-être quelque pécadille à se reprocher, ne semble pas très rassuré.

Heureusement mon compagnon a recours à une mimique plus compréhensible et à des arguments meilleurs : il tire de sa poche une pièce de quarante sous, il la montre à notre homme : celui-ci tend la main, Toché retire la sienne et continue à lui baragouiner un langage bizarre, panaché d'arabe, d'italien, de marseillais et d'un vague français. Il a des gestes du plus haut comique, sa voix prend des intonations de circonstance.

— (*Familière*) « Hein ! coquinous, bono, ça ! — il montre la pièce.

— (*Apitoyée*) Toi, povero ! — il met la pièce dans son œil en guise de monocle.

— (*Interrogative*) Tu la voudrais bien, la bella piéça d'argento ? — il la fait tinter.

— (*Caressante*) C'est pour toi, si toi venir à la casa ! — il jongle avec la pièce.

L'Arabe croit que c'est un acrobate, regarde de tous ses yeux et ne bouge pas davantage. Heureusement notre cocher maltais qui comme ses compatriotes, parle la langue du pays, explique la chose au bonhomme, mais il secoue négativement la tête : il pense sans doute en voyant l'argent qu'on lui propose, que c'est quelque fumisterie de Français et refuse ces présents d'Artaxercès. Par bonheur les voisins attirés et amusés par cette scène, viennent à la rescousse ; il s'engage entre eux et lui de grands colloques. Moitié de gré, moitié de force, il cède, nous l'installons triomphalement dans notre voiture à côté du cocher qui ne se blesse nullement d'un pareil voisinage et nous rentrons en cet équipage au lycée Sadiki où est logé Toché, par la rue des Maltais, l'avenue de France et l'avenue de la Marine, pleines d'élégantes et de fashionnables. Partout ailleurs on nous eut regardé comme des bêtes curieuses, des originaux faisant concurrence au fameux Le Roy, ce candidat à l'Académie qui rendait ses visites en diligence, et habillé en général brésilien. Mais à Tunis on est habitué aux costumes les plus étranges, on ne fait même pas attention à nous, on croit probablement que c'est notre valet de pied.

A la porte du lycée, l'Arabe qui a fait sur son siége d'amères réflexions, ne veut plus entrer. Décidément il ne doit pas avoir la conscience bien nette. Toché se désespère, il emploie toutes les ruses, toutes les séductions, il recommence à parler son affreux langage, il double le salaire, il devient même caressant, et lui passe la main sur le dos au figuré et au propre — ce qui est le comble de la témérité.— Pas de succès. En désespoir de cause, on va chercher le professeur d'arabe du lycée; le professeur d'arabe arrive, grave et sérieux, et fait en trois points un discours cicéronien et académique.

Enfin le malheureux se décide et tremble comme une feuille, en traversant ces grands corridors obscurs qui ressemblent à ceux d'une prison.

On l'installe dans un fauteuil. Toché a pour lui des soins de mère, il lui offre du tabac, du café, des boissons variées : mais l'Arabe refuse toujours : il reste mélancotique et impassible pendant la durée de la pose, les yeux rêveurs et perdus dans le vague. De temps à autre seulement sa main plonge discrètement dans les arcanes d'une poche mystérieuse, il en tire une espèce de loque plus noire que la peau d'un nègre, dans laquelle il... se mouche gravement et rentre le tout avec la même solennité. On connait son monde, que diable ! et il n'y a que les gens de rien et mal élevés pour se servir de leurs doigts.

Il pose merveilleusement ainsi de quatre à sept heures du soir, et on se sépare content : Toché, heureux d'avoir pris sur le vif un pareil tas de guenilles ; il en a fait une de ces merveilleuses aquarelles dont il a le secret. Elle n'est peut-être pas aussi chatoyante que ses cavaliers de la fantasia, mais quel saisissant réalisme ! L'Arabe s'en va, enchanté de son salaire qui lui permettra de vivre une ou deux semaines sans travailler, — même avec sa famille s'il en a une. Quant à moi, je suis ravi de la magistrale leçon que je viens de prendre *de visu*.

Mais hélas ! je m'aperçois soudain en voulant consigner ces incidents que j'ai perdu mon portefeuille ! J'ai beau fouiller mes innombrables poches, rien, rien, toujours rien ! Je l'avais cependant encore à midi et me voilà visitant tous les endroits que j'ai parcourus, pérégrinant dans la ville, demandant à tous les échos des nouvelles de mon infidèle ! Les échos restent sourds.

Je suis désolé, car, encore qu'il ne renferme aucune valeur, il contient quelques souvenirs et les notes que j'ai prises quotidiennement depuis mon départ. Comment les reconstituer ? Quel travail ! et il y manquera toujours la fidelité absolue, le sentiment du vécu que donnent seules des impressions prises sur le vif.

Je m'arrache les cheveux — au figuré s'entend — mais cela ne m'avance à rien : je conte cette triste nouvelle à mes amis Maynard et Kauffmann qui essaient en vain de me distraire. Je suis sans d'entrain et pour la première fois, notre dîner chez Angelvin manque de gaieté. Autant pour ne pas ennuyer des amis de ma tristesse que pour réparer les fatigues de la nuit précédente, je rentre à neuf heures pour me coucher. C'est bien la première fois que cela m'arrive depuis mon arrivée à Tunis.

Mais l'homme propose et... Béchir dispose ! Pour pénétrer dans ma chambre à coucher, je suis obligé de traverser la salle à manger, j'y trouve mon hôte attablé avec un monsieur en redingote et une dame qui berce un enfant sur ses genoux. Je salue et passe rapidement. En deux minutes je suis déshabillé, et je vais me glisser dans mes draps, quand le fidèle Léon vient en ambassadeur m'annoncer que son maître serait très honoré si je daignais prendre le café avec lui.

Entendre, c'est obéir, dit un proverbe arabe. J'étouffe mes bâillements, je renfile mes habits, je rentre dans la salle à manger. Mon propriétaire me présente à ses hôtes, le contrôleur civil de X... et sa femme, fort aimables tous deux. Nous causons de X... qui n'est pas un endroit des plus folâtres : les plaisirs n'y abondent pas et la seule distraction est d'avoir un enfant chaque année. M. le contrôleur aidé de sa femme qui y met une extrême bonne volonté, n'a eu garde de manquer à cette tradition. En huit ans de mariage, ils ont eu sept enfants et ce n'est pas fini, car on peut constater facilement qu'il y a des espérances. A la bonne heure et voilà qui promet pour l'avenir de la Tunisie.

Cependant on veut coucher le gamin, mais il pousse des cris de paon quand sa bonne veut l'enlever au giron maternel. Elle est originale, sa bonne : un grand diable de Marocain, haut de six pieds, basanné comme une vieille tige de botte, avec une moustache rébarbative, un ancien trompette de spahis.

Il faut voir avec quelle délicatesse, il enlève dans ses bras nerveux cet enfantelet léger comme une plume, avec quelle précaution il le porte dans son lit où nous l'entendons le bercer, le dodeliner, lui chanter à mi-voix des chansons arabes comme aurait pu faire la plus tendre mère jusqu'à ce que, vaincu par la fatigue, le nourrisson se soit endormi du sommeil de l'innocence.

Et comme je m'étonnais de voir ce grand gaillard remplir si scrupuleusement son rôle de nourrice.... sèche, on m'apprit qu'il n'y avait là rien d'extraordinaire. Les Arabes adorent leur progéniture et sont de fait très maternels. Les femmes sortant très peu, autant dire pas, ce sont toujours les pères que l'on voit promener les enfants, les porter sur leur dos, les aider gravement dans leurs besoins les plus intimes, les entourer en un mot des soins les plus tendres. Je parle bien entendu des Arabes des classes inférieures qui n'ont pas de domestiques pour les remplacer.

Cependant onze heures sonnent, je quitte mes hôtes et je vous assure que je n'eus pas besoin d'un Marocain pour me bercer !

Mais tout devait conspirer contre mon repos.

Je dormais de bon cœur quand mon ami Maynard rentre vers minuit, me réveille pour faire un bout de causette et me raconte des histoires que je comprends faiblement. Je me rendors au cours de sa narration.

Peu après, je me réveille avec un sentiment d'angoisse profonde, probablement sous l'impression d'un atroce cauchemar. Je ne puis rassembler mes idées, je suis comme perdu, je n'ai même pas le sentiment de la localité, si je puis m'exprimer ainsi, j'ignore où je suis, en France, en Tunisie, au diable !

Une inquiétude inexplicable me serre le cœur et ce qui en augmente l'horreur, c'est qu'à travers la cloison, s'élève un chant plaintif, monotone et lugubre !

En même temps un mouvement inusité se produit dans la maison : j'entends des pas précipités, des chaises qu'on déplace, des tables qu'on remue, des voix qui s'entre-croisent.

Et au-dessus de ces bruits divers, monte, monte toujours cette mélopée mélancolique accompagnée de deux notes arrachées à un instrument inconnu.

Ce n'est pas possible, il est arrivé un malheur dans la maison : il y a sans doute une veillée mortuaire à côté de moi !

Une frayeur telle me glace que malgré mon désir de me lever, d'ouvrir la porte, de *voir ce qu'il y a*, de *savoir* en un mot, je ne puis faire un mouvement.

Et je reste là cloué sur mon lit, jusqu'à ce que bercé par ce chant lugubre, je me rendorme d'un lourd sommeil.

Quand le lendemain matin, ne sachant si j'avais rêvé ou non, je racontai la chose à mon brave Léon et que je lui demandai s'il était mort quelqu'un chez mon hôte, il se mit à rire et me dit : « Bien loin de là ! c'étaient des Juives que Bécher-ben-Bécher avait fait venir à la maison pour vous régaler de leurs danses et de leurs chants. »

On n'est pas plus galant !

CHAPITRE VIII

Une police que l'Europe nous envie. — Les tramways de Tunis. — Aspects des différents quartiers : les faubourgs, les boulevards extérieurs, la ville française. — Charmeur de serpents marocain et pic-pockett indigène. — Mon ami le spahi. — Le menu d'un dîner tunisien. — Une visite nocturne. — Tunis la nuit. — Réminiscence de Lamartine.

Mardi, 30 mai. — Je me lève tard, harrassé par ce cauchemar, mal reposé par un sommeil interrompu à chaque instant et puis que faire ?... Mes notes sont perdues, je manque de courage.

Cependant, avec ce beau soleil dont les rayons inondent ma chambre et dansent dans la mousseline de mon lit, en contemplant le splendide spectacle de ma fenêtre, cette ville toute blanche, toute gaie, dont les rumeurs montent joyeusement vers un ciel d'azur, — ma philosophie reprend le dessus, ma bonne humeur revient et je me dis *in petto* : Eh bien ! si je ne retrouve pas aujourd'hui mon volage portefeuille, demain je recommence mes notes et c'est bien le diable si avec une attelée d'une quinzaine d'heures, je n'arrive pas à les reconstituer à peu près complètement.

Sur cette perspective consolante, je descends gaiement en fredonnant une ariette jusqu'à la rue d'Italie.

Tiens ! voilà le marché, entrons donc le visiter en passant : il y a toujours de petites scènes amusantes et pittoresques.

J'enfilais la galerie quand soudain je tombe en arrêt devant le bureau d'un commissariat de police. Si je faisais ma déclaration pour mon portefeuille ? Je passe ma carte au commissaire par un chaouch : et après les salutations d'usages, la première parole qu'il m'adresse est celle-ci : « Votre portefeuille est retrouvé... » Je reste muet de surprise et de bonheur et quand je puis parler : « Mais c'est merveilleux, dis-je, à mon interlocuteur, je ne vous ai pas encore dit que j'avais égaré quelque chose ! Bientôt vous retrouverez les objets avant même qu'ils soient perdus. Vous enfoncez toutes les polices du monde : et c'est de vous que l'on pourra justement dire la phrase consacrée : Cette administration que l'Europe nous envie ! »

Mon exubérante gaîté gagne M. Battini, mais il me répond modestement : « Hélas ! nous n'enfonçons personne et vous nous accordez des éloges que nous ne méritons pas : ce n'est pas la police qui a retrouvé votre carnet, lisez plutôt. » Et il me tend le numéro du jour de la *Dépêche Tunisienne* où je vois l'annonce m'apprenant que je puis réclamer mon bien à M. l'abbé B....

Comme je le bénis cet excellent abbé d'avoir rattrapé mon déserteur et d'avoir eu l'idée géniale — ignorant mon adresse — d'avoir fait cette insertion dans la *Dépêche*, songeant avec raison que grâce à son extrême diffusion, je ne manquerais pas d'être avisé au plus tôt !

Je remercie chaleureusement M. Battini qui, s'il n'a

pas été l'auteur de la trouvaille a été au moins le messager de la bonne nouvelle et je me félicite d'avoir eu ainsi l'occasion de faire la connaissance d'un magistrat fort intelligent doublé d'un homme charmant et d'un observateur des plus fins. Il m'a donné des renseignements précieux, et, sur le côté mœurs notamment, des détails des plus piquants que sa modestie l'empêche seule de publier.

Je sors du commissariat pour courir à la cure où loge l'abbé B... La cure, m'a-t-on dit, est près de la cathédrale mais de quel coté? J'entre pour me renseigner dans une boutique de modes qui, chose bizarre, est encastrée dans l'enclos sacré et mitoyenne avec l'église comme ces échoppes qui, au moyen âge, poussaient autour des cathédrales comme d'énormes verrues.

Il n'y avait qu'une jolie fillette dans le magasin qui crie en me voyant : « C'est quelqu'un. — C'est bon, répond une voix féminine derrière un grand velum qui coupe la pièce en deux, je m'habille et je viens. »

« Ne dérangez jamais la femme qui s'habille », a dit je ne sais quel proverbe, je m'y conforme et le colloque s'établit à travers le rideau : « Pardon, Madame, ne vous gênez pas, je n'ai que deux mots à vous dire. — Que désirez-vous, Monsieur, des gants, une cravate? — Non ! l'adresse de M. l'abbé B.. — A côté, par la porte de l'évêché, la première rue à droite. — Merci, Madame. — Il n'y a pas de quoi, Monsieur. » La voix se tait et je pars sans avoir su à qui elle appartient ni même avoir entrevu ma mystérieuse interlocutrice.

L'abbé B. est absent, il doit revenir dans l'après-midi.

Je rentre à midi au café Angelvin où je retrouve mes amis. Je leur conte la bonne nouvelle, ils prennent part à ma joie et nous célébrons par une bouteille de Champagne cet heureux événement.

Je suis rempli de gaieté et je chante la Tunisie sur tous les tons, mais ce n'est rien à côté de la joyeuse et nombreuse société qui déjeune dans le petit salon à côté : Toché, le commandant Ney, le commandant M... et sa femme et tutti quanti. On nous appelle : la nouvelle du portefeuille retrouvé produit un débordement d'enthousiasme. On porte les toasts les plus variés : A l'art ! — A la littérature ! — Aux dames ! — A la magistrature ! — Au clergé ! — A l'armée ! — A la police !

Le Champagne coule de plus belle : les détonations se succèdent comme des feux de file : le restaurant est révolutionné : les garçons ahuris ne savent pas où donner de la tête et nous apportent inconsciemment les plats commandés par d'autres clients : le Père Eternel lui-même ne s'y reconnaît plus.

Sous prétexte de nous parfumer, un des convives a la malencontreuse idée de brûler je ne sais quelle pastille de sérail sur une pelle à feu. Bientôt une âcre odeur nous saisit à la gorge, nous désertons la place, par la porte et par les fenêtres et nous cherchons un refuge sur la terrasse : la bande s'accroît d'une foule d'amis et d'amis de nos amis.

Cependant comme il n'est pas de si bons camarades qu'il ne faille quitter, j'abandonne la partie vers trois heures et je retourne chez l'abbé B... qui me reçoit de la plus gracieuse façon. Il me raconte comment en se promenant auprès du Lycée, il a retrouvé mon portefeuile. Trois ou quatre petits Italiens parlaient avec animation et l'un d'eux à sa vue semblait cacher quelque chose sous sa veste. Il s'approche et, plus de force que de gré, parvient à lui faire lâcher prise.

Je remercie avec effusion le sauveur de mes notes et, après lui avoir laissé pour ses pauvres une modeste offrande, je prends congé en promettant de revenir bientôt.

Avec quelle tendresse, je serre sur mon cœur mon déserteur, je l'ouvre : rien n'y manque, ni mes cartes, ni mes photographies,

L'esprit en repos, je rentre chez Bécher-ben-Béchir par le chemin des écoliers, c'est-à-dire en faisant presque le tour de la ville par les tramways.

Il n'est peut-être pas hors de propos de donner ici un léger aperçu des tramways de Tunis.

Comme à Marseille et dans les villes du Midi, la voiture n'est composée à proprement parler que d'un simple plancher, très bas, roulant avec une demi-douzaine de banquettes en bois placées l'une derrière l'autre et abritées par un toit soutenu par quatre montants : grâce aux marchepieds circulaires presque à ras du sol, on monte et on descend sans difficulté.

Le cocher conduit les deux chevaux, debout sur la plate-forme : c'est ordinairement un indigène dans un costume mi-européen mi-oriental, — fez tunisien, veston, culottes bouffantes, mollets et pieds nus. L'employé qui perçoit les places, porte un élégant complet gris relevé de parements d'un rouge vif, sur la tête une petite casquette recouverte, l'été, d'une coiffe blanche. Le plus souvent des Italiens remplissent ces fonctions et il faut le reconnaître, ils sont d'une politesse parfaite.

Les tramways de Tunis sont excessivement commodes : grâce aux larges rues et aux avenues que l'on a percées, ils contournent la vieille ville arabe et parcourent dans toute leur longueur les boulevards du quartier français.

Ils partent tous de la porte de France. L'un se dirige à l'Est par la rue Al-Djazira, l'avenue Bab-Djedid, la rue des Selliers. Le point terminus est à la place de la Kasba, où l'on retrouve l'autre ligne descendant par les larges rues de l'Alfa, Bab-Souika, de Carthagène, des Maltais jusqu'à la Porte de France. Enfin une troisième ligne suit l'avenue de France et l'avenue de la Marine jusqu'aux grilles de la Douane.

Le prix est des plus minimes : 0 fr. 10 quand on ne fait qu'une partie de la course, 0 fr. 15 quand on va jusqu'au bout. Le parcours de la Porte de France à la Douane ne coûte même qu'un sol : ce n'est vraiment pas la peine d'user ses jambes. On peut ainsi pour 0 fr. 35 faire le tour de Tunis et avoir une idée sommaire de la ville, car chaque tronçon parcourt un quartier très différent comme mœurs et comme aspect.

La rue Al-Djazira ressemble aux rues d'une ville quelconque du Midi : ce n'est qu'une suite de restaurants, d'hôtels, de bazars français, de magasins variés où le bottier allemand alterne avec le marchand de vin espagnol, l'épicier marseillais et le tailleur anglais, mais où dominent les coiffeurs italiens et les photographes de tous pays.

Là se déversent une partie des rues tirées au cordeau de la nouvelle ville française qu'on pourrait appeler, comme à Paris, le quartier de l'Europe, car tous les noms en sont empruntés à ses différents pays.

La rue Al-Djazira est très vivante, mais d'un mouvement européen qu'augmentent encore la gare de la Cie Bône-Guelma et le voisinage du marché. Chaque matin le tramway dépose à la hauteur de la rue d'Angleterre ou de la rue d'Espagne une foule de ménagères qui s'en vont aux provisions : petites bourgeoises en robes claires, brunes Italiennes en cheveux, domestiques de tous sexes et de toutes couleurs. Le conducteur déploie alors ses grâces. Il faut voir, quand un joli minois l'appelle, comme il fait arrêter aussitôt la voiture, aide galamment la voyageuse à monter ou à descendre et comme sa main s'attarde si elle serre la taille de quelque svelte soubrette, voire même d'une plantureuse cuisinière. Quant aux négresses, il les dédaigne invariablement.

L'avenue Bab-Djedid est bordée de maisons qui n'ont guère qu'un rez-de-chaussée, un étage au plus : les auberges, les guinguettes populaires, les cabarets militaires y dominent avec leurs enseignes bizarres, provocantes et bien caractéristiques : Au repos du travailleur, vin, bière, casse-croûte à toute heure, — Café de la Folie, — A Ramponneau, — Autant ici qu'ailleurs, — Assurance contre la soif, — Aux vieux zouzous, — A l'armée française, — A la mère des zouaves. On sent qu'on est dans le quartier des ouvriers et que la caserne des zouaves se trouve dans les environs.

A la place de la Kasba, c'est une foule de soldats, entrant, sortant de la vieille citadelle, des ronds de cuir français ou tunisiens, plus ou moins nichamés qu'attirent comme des frelons, le palais du Dar el Bey et les services publics installés dans les bâtiments qui lui font face.

En descendant l'immense rue de l'Alfa, où s'élèvent les dépôts des tramways, les magasins militaires et la manutention, on ne rencontre guère que quelques chariots du train, quelques prolonges d'artillerie, escortés par un brigadier.

Avec la rue Bab-Souika, nous sommes en plein quartier arabe, c'est là qu'aboutissent la longue rue Tabanine qui qui mène au Bardo par la rue Bab-Saadoun, — la place Bab-Souika pleine de négresses et de marchands de pain en plein vent, — la rue Halfaouine remplie d'épiciers, de bouchers, de barbiers, de cafetiers arabes, conduisant à la place du même nom, la plus jolie de Tunis.

Par la rue de Carthagène et la rue des Maltais, nous contournons la Hara, le quartier juif, — véritable ghetto aux ruelles étroites et tortueuses où pullulent les enfants d'Israël, reconnaissables à leur costume et à leur figure sémitique toujours vaguement inquiète.

Le tramway Nord nous fait traverser le quartier français : voici l'avenue de France avec ses maisons magnifiques à trois ou quatre étages, ses hôtels splendides, ses arcades qui rappellent celles de la rue de Rivoli, ses magasins luxueux comme le Magasin Général, — une réduction du Louvre —, ses boutiques de modes et de parfumerie, ses cafés étincelants de lumière le soir et toujours regorgeant de monde et le cercle militaire à l'angle de la rue de Rome.

Puis la place de la Résidence, bordée d'un côté par le Palais du Résident, un momument carré flanqué de deux ailes reliées par une grille, sans aucun caractère. Vis-à-vis la cathédrale, pauvre petite chapelle, écrasée sous le poids de son titre et qui n'a du reste été bâtie que provisoirement.

Enfin la superbe avenue de la Marine que son terre plein planté d'arbres partage en deux. C'est à cinq heures et le soir, au moment de la musique, le rendez-vous de la fashion tunisienne, mais comme la sirène antique, elle finit en queue de poisson.

. . . . . Mulier formosa superne.
Desinit in piscem . . . . .

Ses constructions superbes font place à des baraques en planches : guinguettes et tirs à la carabine, louches bâtisses et bals plus ou moins champêtres : un monde de voyous dont les casquettes aux gigantesques visières et les rouflaquettes internationales laissent deviner la profession.

Dans peu de temps grâce à l'ouverture du port, ce quartier se bâtira — et s'assainira, espérons-le. Des magasins de la Douane à la Porte de France, ce ne sera plus qu'une immense et grandiose avenue, — la Cannebière de Marseille avec l'orientalisme en plus.

Que de fois je l'ai fait ce circuit complet qui en deux heures vous fait voir Tunis sous ses différents aspects ! Que de fois surtout j'ai pris pour quitter ou regagner mon logis de la rue Abd-el-Oitheb ce tramway dont les employés avaient fini par me connaître, me saluaient d'un sourire et ne me demandaient même plus où j'allais !

Je montais ou je descendais à la porte Bab-Djedid. Il y a, à côté une sorte de petite place, plutôt un terrain vague où les chèvres viennent se reposer le matin et le soir. Dans la journée il est occupé par les industriels de la rue, rétameurs, marchands de gargoulettes ou de casseroles, ou quelque artiste en plein vent.

J'y ai vu aujourd'hui un charmeur de serpents : un spectacle dont sont friands les indigènes et les Européens. C'était un grand Marocain à tête de cheval, les lèvres toujours souriantes laissant voir ses dents blanches : il avait quitté son turban et sa tête rasée entourée d'une ou deux cordelettes montrait la mèche de cheveux par laquelle l'ange de la mort doit enlever tout bon croyant pour le conduire au Paradis de Mahomet.

A côté de lui ses enfants, deux bambins de trois à cinq ans, hauts comme des bottes et sans autres vêtements qu'une chemisette fort indiscrète, les cheveux rasés sauf une petite natte frétillante comme la queue tire bouchonnée du compagnon de St Antoine. Ils se roulaient dans la poussière en mille contortions grotesques ou mimaient naïvement une danse du ventre enfantine à la grande joie des spectateurs.

Accroupis en demi cercle, quatre ou cinq musiciens qui n'avaient guère que deux ou trois yeux de bons à eux tous, car ils étaient plus ou moins borgnes ou aveugles.

Bientôt aux sons des instruments, les reptiles sortaient lentement des outres enveloppées de couvertures et rampaient sur le sol. C'étaient d'ordinaire de petites couleuvres qui se tordaient comme des vers ou d'assez gros serpents très paresseux que les gamins étaient forcés de taquiner pour les tirer de leur indolence. Ils les agaçaient de la pointe d'une baguette, les empoignaient sans crainte s'en faisaient de vivants colliers et les embrassaient à pleine bouche. Puis ils les remettaient à terre, les tenant par la queue comme par une rêne, tandis que l'animal tournait sur la piste poussant de temps à autre une pointe vers les spectateurs qui s'écartaient avec effroi. Et le Marocain ainsi que sa progéniture de rire à gorge déployée !

La musique faisait rage pendant ces exercices, les mains volaient sur les peaux des tambourins, les joues des clarinettistes s'enflaient à crever. Bientôt elle prenait un rythme plus doux et mélancolique : le reptile y paraissait sensible, il tournoyait de droite et de gauche, se balançant et dodelinant de la tête, les paupières à demi closes comme en proie à quelque rêve voluptueux. Pendant ce temps le Marocain ne le quittait pas des yeux et semblait le magnétiser sous la fixité de son regard.

Ce spectacle était coupé par de fréquentes quêtes pour lesquelles l'impressario sollicitait la générosité un peu paresseuse de l'assemblée, mais ce public de gamins, d'ouvriers, de soldats, de *mesquines* n'était guère riche et les offrandes étaient rares. Il avait beau invoquer Allah et employer le truc de nos saltimbanques et la phrase consacrée : « Il ne manque que neuf sous, un peu de courage ! huit sous, allons ça marche ! » L'argent sortait difficilement des poches.

Un spahi, mon voisin, me traduisait ces détails. Je jetai une pièce de cinquante centimes qui me concilia sur le champ les faveurs de l'assemblée et les bonnes grâces de l'artiste ; il sauta sur la pièce, la mit entre ses dents, la fit sonner pour s'assurer de sa qualité et l'enfouit précieusement dans sa bourse de cuir. Puis le drôle au lieu de continuer ses exercices ne s'avisa-t-il pas de s'écrier : « Je demandais huit sous, le seigneur Français m'en a donné dix, ça fait deux sous de trop, mais il en manque toujours huit pour faire dix sous : c'est comme tout à l'heure ! » Le public rit de bon cœur de cette facétie et se tourna de mon côté, mais je n'étais pas disposé à combler à chaque instant le déficit qui eut été comme le tonneau des Danaïdes. Je laissai la libéralité des assistants s'exercer à son aise. — « Sidi, me murmura à l'oreille le spahi, tu as la bourse bien garnie puisque tu jettes une pièce d'argent quand on demande un sou : serre la bien et prends garde qu'on ne te vole, car Allah est grand, mais le diable est puissant et il pourrait bien tenter quelqu'un de ces *mesquines*. »

L'avis me parut sage et je me hâtai de palper mon porte-monnaie. Il n'était que temps : une main étrangère se glissait insidieusement dans ma poche, j'aurais presque pu saisir le voleur en flagrant délit, mais la main s'était retirée comme au contact des serpents que nous regardions : son propriétaire aurait nié comme un beau diable et puis à quoi bon? Je me contentai de l'envoyer in petto se faire pendre ailleurs et de remercier Allah et le spahi, son prophète, que j'emmenai au café maure voisin.

Le brave garçon ne se fit pas prier ; il parut même très

sensible à l'offre d'un de mes cigares qu'il savoura lentement avec délices en s'entourant d'un nuage de fumée. Il me raconta qu'il s'appelait Larbi-ben-Mohamed, qu'il était du Sud, provisoirement détaché à Tunis et qu'il se plairait bien au régiment si une certaine petite Fatma qu'il avait là-bas, ne lui tenait pas tant au cœur, — l'éternel roman du troupier français.

Puis, son kaoua humé religieusement, il bondit, soudain très affairé en me disant : « Sidi, moi m'en aller, moi pressé, oublié de porter à la poste lettre d'officier ». Il partit comme une flèche : j'ignore si la lettre n'a pas eu quelque retard — imputable à la poste bien entendu !

Je soldai la dépense qui se montait à deux sous pour nos deux tasses et je rentrai à la maison vers sept heures. Nous dînions en effet, Maynard et moi, chez Béchir-ben-Béchir et nous n'étions pas fâché de savoir ce qu'était un repas tunisien.

Pour faire plaisir à notre hôte, nous nous mîmes en habit et il ne fut pas peu surpris en nous voyant apparaître en tenue de gala, nous, qu'il avait aperçus quelques minutes avant dans le simple veston du voyageur : notre attention du reste lui fit plaisir.

Il n'y avait, outre nous deux, que notre hôte avec son fils, le petit Hassouna, âgé de sept ans, et un de ses amis qui parlait admirablement le français et nous servait d'interprète. Léon faisait l'office de maître d'hôtel.

Ne vous attendez pas à des choses extraordinaires et ne croyez pas que nous mangeâmes avec nos doigts des mets excentriques dans un plat commun. Dieu merci ! on n'en est plus là en Tunisie, surtout dans la riche bourgeoisie de la capitale ! Je dirai même qu'au risque de sacrifier le confort, j'aurais préféré un dîner plus couleur locale dans cette salle à manger orientale, cloisonnée de de faïences, et dont le plafond était peint de riantes couleurs.

Sur une nappe très fine, brodée et d'une éblouissante blancheur, se dressait un service élégant, flanqué d'argenterie massive. A chaque bout de la table carrée, des gerbes de fleurs et des candélabres qui mêlaient leur lumière discrète aux feux éblouissants du lustre. Devant chaque convive, une rangée de verres à pied, petits et grands, qui par leur variété et leur taille rappelaient une file de gardes nationaux.

J'ai transcrit entièrement le menu dans les deux langues grâce à la complaisance de Léon, auquel vous vous en prendrez, s'il y a quelque faute d'orthographe, arabe. Vous pourrez ainsi juger qu'il était aussi étendu que succulent.

MENU.

Cherba.	Potage.
Bannadèche.	Tourte.
Couscoussou.	Couscoussou.
Djedja bel fouga.	Poules en sauce.
Merga-zitoun taa hamem.	Pigeons sauce piquante.
Ajdemi bel Kabouïa.	Veau aux courgettes.
Teberna.	Langue de veau sauce rouge.
Mechouï.	Roti et pommes frites.
Slatta.	Salade.
Krima. Souabaa. Tourta. Kitma.	Plats de douceurs.

Gilato.	Bombe glacée.
Fraollo.	Fraises.
Bourdeganne.	Oranges.
Hab-el-melouk.	Cerises.
Mechmech.	Abricots.
Djeben.	Fromage.

VINS.

St-Julien. Bourgogne. Vin blanc Ste-Croix.

Moet.

Café arabe. Fine Champagne. Chartreuse.

Au risque de passer pour un goinfre, j'ai goûté à chaque plat par appétit d'abord, par curiosité ensuite. Ne faut-il pas se rendre compte soi-même lorsque l'on veut ensuite renseigner les autres ?

Je puis dire que la cuisine était excellente et faisait honneur au chef.

La tourte arabe notamment était fort savoureuse et le couscoussou composé de morceaux de poulet et de mouton, absolument réussi. Cela n'a rien d'extraordinaire quand on songe avec quel soin jaloux les Arabes confectionnent ce plat national, aussi populaire en Orient que la poule au pot de nos aïeux et l'olla podrilla des Espagnols. Le temps ne compte pour rien, et chaque matin en attendant mon tramway, je m'amusais beaucoup de voir un brave Arabe qui tenait une sorte de restaurant en plein vent, écumer gravement son pot, rouler sa pâte et l'arroser religieusement de cuillerées de sauce. Il y mettait un respect, une onction quasi sacerdotale. Aussi il fallait voir comme les clients léchaient leurs doigts !

Je ne dirai rien de la kyrielle des autres plats également bien préparés.

Le seul reproche que je ferai peut-être à cette cuisine arabe, c'était d'être comme celle du Midi de la France, non seulement épicée, mais très fortement pimentée.

Quant aux entremets et aux pâtisseries diverses dont les noms arabes sont résumés par ces mots français : *Plats de douceurs*, — les *Delicatessen* des Allemands, — ils étaient exquis. On aurait cru, comme disait un mendiant qui le lendemain achevait les reliefs, *avoir le paradis dans la bouche*, — pittoresque expression qui seule rend complètement le bonheur du gourmet.

Les vins bien choisis parcouraient la gamme traditionnelle depuis le bordeaux le plus généreux jusqu'au champagne frappé.

Je n'ajouterai pas la phrase habituelle : La conversation fut vive et animée. Notre hôte comprenait peu le français et ne le parlait pas. Hassouna n'était qu'un enfant et, comme ceux de son âge, luttait de son mieux contre le sommeil. Nous en aurions été réduits à nos seules forces, Maynard et moi, sans la présence du dernier convive, un garçon fort aimable, ayant fait ses études à Paris et connaissant toutes les finesses de notre langue. Grâce à son obligeant concours, nous pouvions parler à notre amphytrion, mais c'est un mode de conversation difficile et long, quand il faut recourir à une tierce personne pour la question et la réponse. Aussi la conversation languit-elle un peu, bornée à quelques compliments. Au dessert Maynard et moi portâmes des toasts successifs. À vrai dire, ils brillèrent plus par la véhémence de notre gratitude que par la force de notre éloquence. Les vins, les liqueurs, la chaleur aidant, nous bredouillâmes légèrement. Le bon Béchir s'inclinait chaque fois avec un sourire gracieux et faisait répondre qu'il était réellement confus, que le plaisir et l'honneur étaient pour lui d'avoir des hôtes aussi charmants, — je ne nous flatte pas, je répète ce que disait le bon Béchir.. Et les salamalechs de continuer de plus belle ! Cela eut pu durer longtemps. Heureusement on servit le café et nous passâmes au salon.

Comme dans la salle à manger, les murs du salon sont recouverts de faïences bleuâtres, très douces à l'œil et que relèvent les couleurs voyantes et harmonieuses des frises et du plafond,

Tout autour, des canapés en bois doré, au milieu une table en marquetterie, de chaque côté de la fenêtre, deux belles consoles joliment sculptées, mais portant, hélas ! les inévitables pendules avec des flambeaux sous globe. Dès que la politesse le permit, nous prîmes congé de notre amphytrion. Je devais en effet partir avant l'aube pour Bizerte et je n'étais pas fâché de dormir quelques heures. Mais j'avais compté sans mon hôte, je veux dire sans les chats de mon hôte.

Ce ne furent plus les chants des Juives qui me réveillèrent soudain, mais des miaulements aussi aigus.

Une séquelle de matous, attirés par les reliefs du dîner qu'on avait laissés sur les dressoirs, s'étaient donné rendez-vous dans la salle à manger et, l'on entendait des grondements, des batailles, des poursuites à faire croire qu'ils étaient enragés : les chaises tombaient, les bouteilles roulaient, les assiettes dégringolaient dans cette sarabande infernale. Nous esseyâmes en vain de leur donner la chasse, nous n'avions pas le dos tourné que ces odieuses bêtes recommençaient de plus belle. Enfin nous fumes vainqueurs : les pillards désertèrent le champ de bataille et force resta à la loi.

Nous nous couchons : à peine dormions nous, que Léon effaré nous réveille en nous disant que des amis nous demandent en bas ; ils veulent absolument nous voir et ils font dans la rue un tapage à tout casser.

Je m'étonne quelque peu d'une visite à une pareille heure et, laissant Maynard, qui s'est tapi sous ses couvertures, ronfler comme un bienheureux, je descends en chemise — et en pantalon.

Je trouve dans la rue quelques-uns de nos camarades qui avaient prolongé fort tard le déjeuner pantagruélique du matin. Ils avaient été soudain, sur le coup de minuit, pris du désir de nous venir voir. Dans ce but louable mais indiscret, ils avaient embauché leurs propres amis et ils étaient bien là une vingtaine, tant civils que militaires, empilés dans trois ou quatre landaus. A ma vue ils poussèrent de formidables hourrahs, mais réclamèrent Maynard à grands cris, disant qu'ils ne voulaient pas partir sans lui avoir serré la main et, émettant même la prétention originale de faire relever notre propriétaire pour lui présenter en même temps leurs devoirs.

Je me gardai bien de contredire ces joyeux noctambules. Je les calmai de mon mieux en les remerciant de leur sollicitude à notre égard, — tout en les envoyant au diable en moi-même. Quant à Maynard, je leur confiai mystérieusement qu'il n'était pas encore rentré et qu'ils le trouveraient sûrement au café en train de faire quelque partie de billard avec Kauffmann. Je leur insinuai doucement d'aller le surprendre. Cette idée leur parut lumineuse et faisant faire volte face à tous les équipages : « Au café de Tunis, cria le chef de la bande, nous allons enlever Maynard ! » Je vis avec bonheur s'éloigner les masses sombres des landaus dégringolant les pentes de la rue Abd-el-Oitheb au milieu des cris, des rires, des chants et des claquements de fouets.

Remis d'une alerte aussi chaude, je remonte. Maynard ronronnait dans son lit et ne s'était pas même réveillé. Avec bien de la peine je me rendormais quand Léon vient de rechef m'éveiller en me disant qu'il est trois heures et demie : nous partons à quatre. Fichtre ! je n'ai que le temps de m'habiller. En quelques minutes je suis prêt et j'attends patiemment la voiture qui tarde quelque peu : voilà plus d'une demi-heure que je suis aux aguets — et Dieu sait si, quand on attend, les minutes comptent double ou triple ! Et rien, toujours rien ! En jetant par hasard les yeux sur ma montre, je vois qu'il est... deux heures et demie. Ce pauvre Léon, trop zélé, avait pris une aiguille pour l'autre et m'avait réveillé une heure et demi trop tôt.

Ma foi ! tant pis, je n'ai pas le courage de me deshabiller pour la quatrième fois. Du reste je n'ai plus envie de dormir : je m'accoude à la fenêtre et me mets à rêver.

Tunis dort ; tout est calme et le silence de la nuit n'est troublé que par la fanfare sonore des coqs qui se répondent au loin ou les miaulements rauques des matous amoureux qui donnent une sérénade à quelque jeune chatte du voisinage. C'est une de ces splendides nuits comme on n'en connaît qu'en Orient et dont nos plus belles nuits d'été ne donnent qu'une faible idée. Un air tout parfumé des senteurs des orangers et des jasmins apportées par la brise: un ciel constellé d'étoiles qui piquent son bleu sombre de myriades de points lumineux. Comme une reine au milieu de ses sujets, la lune brille d'un doux éclat, baignant les terrasses de sa blanche lumière. C'est la bienveillante Tanit devant qui les Phéniciens s'inclinaient à genoux, — la blonde Phœbé des Latins —, l'astre mystérieux à qui l'Islamisme a emprunté son croissant d'argent et qu'adorent toujours les poètes et les amoureux.

Et les beaux vers de Lamartine me reviennent à la mémoire.

Le soir ramène le silence,
Assis sur ces rochers déserts,
Je suis dans le vague des airs
Le char de la nuit qui s'avance.
Vénus se lève à l'horizon,
A mes pieds l'étoile amoureuse,
De sa lueur mystérieuse,
Blanchit les tapis de gazon.
Tout à coup, détaché des cieux,
Un rayon de l'astre nocturne,
Glissant sur mon front taciturne,
Vient doucement toucher mes yeux.

Doux reflet d'un globe de flamme,
Charmant rayon, que me veux-tu ?
Viens-tu dans mon sein abattu
Porter la lumière à mon âme ?

Viens-tu pour nous révéler
Du monde le divin mystère,
Ces secrets cachés dans la sphère,
Où le jour va te rappeler ?
Viens-tu dévoiler l'avenir
Au cœur fatigué qui l'implore,
Rayon, rayon divin, es tu l'aurore,
Du jour qui ne doit pas finir !

. . . .

. . . .

Cette touchante prière d'une âme brisée qu'accompagne une musique mélancolique me remplit le cœur de tristesse et mes yeux se voilent presque de larmes en songeant à celle qui me la chantait et qui peut-être penchée sur le berceau de ses enfants, pense aussi en ce moment à l'absent dont cinq cents lieues la séparent.

CHAPITRE IX

Excursion à Bizerte. — Les remparts et les canons de Tunis — La porte Bab-el-Khadra. — La route. — Le lieu des exécutions capitales. — Les différents modes de supplices. — Un fondouck. — La plaine de la Medjerda. — Parlement aquatique. — Un incendie. — La cuisine bizertine. — Bizerte : la digue, le port, les pêcheries, la Kasba. — Dans les rues de la vieille ville. — Ombres chinoises. — Retour nocturne et émotion de nos compagnons. — La campagne la nuit. — Sauvés, merci, mon Dieu !

Mercredi, 31 *mai*. — L'heure du départ me surprend au milieu de mes rêveries et Léon m'annonce que la voiture est en bas. Je monte dans un vénérable landau où s'entassent à leur tour trois autres de nos amis avec leurs bagages. Bien qu'on doive revenir le lendemain, ils se sont empêtrés d'énormes valises comme s'ils faisaient une exploration lointaine. Tout cela prend du temps et il est près de cinq heures quand nous partons pour Bizerte.

Nous doublons la porte Bab-el-Khadra qui présente son encombrement habituel : de longues files de chameaux chargés de charbon, de bois ou de légumes arrivent de la campagne, poussés à grands coups de bâton par leurs conducteurs, des troupeaux de chèvres s'en vont à la pâture, des bandes de moutons à large queue trottinent en bêlant, des arabas chargées se croisent en tous sens, s'accrochent, se gênent et naturellement les conducteurs de s'invectiver et d'épuiser la série de jurons arabes et européens. C'est une Babel d'hommes et de bêtes.

Nous longeons les murailles crénelées de la ville au haut desquelles apparaissent quelques pièces de canon de tous calibres, de toutes époques et plus inoffensives les unes que les autres. Je me trompe : elles seraient, je crois, beaucoup plus terribles pour leurs artilleurs entre les mains desquelles la plupart éclateraient sûrement à la première décharge, que pour les assaillants. M. Charles Lallemand dans son beau livre sur Tunis (1), — un ouvrage non moins intéressant par le texte que par les charmantes aquarelles qui y sont prodiguées —, prétend que d'innombrables nichées de moineaux naissent dans l'âme de ces canons et qu'incapables de donner la mort, ces engins vomissent la déprédation sur la récolte, subissant ainsi la fatalité d'une destination originelle et originale.

Il conte à ce propos une anecdote dont il ne garantit pas l'authenticité, mais qui est bien jolie. Un juif avait vendu à un prince d'Orient quelconque une batterie de canons. Refus de l'acheteur d'en prendre livraison parce qu'ils n'étaient pas *rayés* selon la convention. C'était une perte sèche pour le vendeur : il eut un trait de génie. Il fit *peindre des raies vertes* sur les canons, et dit au prince :

(1) *Tunis et ses environs*, par Charles Lallemand : 1 vol. in-4°, Quantin, éditeur.

M. Lallemand a encore publié sur la Régence un second volume intitulé : *La Tunisie*, qui est le complément naturel du premier.

Ils sont rayés maintenant. Celui-ci, satisfait, ne souleva plus aucune objection. Et si non vero, bene trovato.

Du reste rien ne doit étonner en Orient ; et quand on voit dans tous les palais de Tunis les innombrables pendules qu'on a vendues à ces malheureux Tunisiens, quand on songe comment on les a exploités, trompés, dupés de toutes manières, on ne peut s'empêcher de songer aux procédés des usuriers classiques qui payaient en vieux meubles ou en crocodiles empaillés.

La campagne est charmante : un tapis de verdure. Nous passons sous l'aqueduc qui déroule dans le paysage ses arcades de brique rouge, aussi hautes, aussi larges que l'arc de triomphe de l'Etoile. Il fut construit par les Espagnols avec les débris de l'aqueduc romain.

Il est actuellement en ruines et ne sert plus guère qu'à loger comme les canons de Tunis, des bandes de moineaux qui voltigent et pépient tout autour (1).

Voici le Bardo, le palais du prédécesseur du bey actuel. Véritable ville fortifiée, crénelée, flanquée de grosses tours pansues, de donjons et de belvédères mais tout cela décrépit, ruiné, croulant, couvert de vé-

(1) L'aqueduc actuel qui conduit les eaux du Zaghouan à Tunis, au Bardo et à la Goulette a été construit par un ingénieur français, M. Collin. L'emploi du siphon, inconnu aux Romains, en a facilité l'exécution : ce n'en est pas moins une œuvre gigantesque qui fait le plus grand honneur au constructeur. Cet aqueduc a plus d'une centaine de kilomètres de parcours : il a coûté près de huit millions et a été terminé en moins de trois années, le 19 mai 1862.

gétations parasites, encore plus lamentable que quand je l'ai vu pour la première fois.

Près du Bardo, se trouve l'endroit où l'on satisfait à la justice des hommes en exécutant les condamnations à mort prononcées par la justice musulmane ou française. On pend dans le premier cas, on guillotine dans le second. Les modes de supplice diffèrent, le résultat est sensiblement le même.

Rien de plus primitif que le mode de pendaison : on invite le patient à monter sur une chaise, on lui passe au cou la corde fatale, le bourreau culbute le siège d'un coup de pied et on laisse le malheureux gigoter jusqu'à ce que la mort s'en suive. Les Arabes, qui sont très courageux devant la mort, ne s'effraient nullement de la pendaison, mais ils redoutent très fort la guillotine, genre de supplice contraire à leurs croyances religieuses.

Il y a quelques années trois Arabes furent guillotinés ensemble : l'un d'eux était tellement prostré à la pensée d'avoir la tête coupée qu'on fut obligé, pour le remettre un peu, de lui dire qu'il serait pendu et non décapité : il ne fut détrompé qu'en voyant le couperet fatal. Les deux autres firent meilleure contenance, ils montèrent résolument sur l'échafaud et, — dit certain rapport officiel de l'exécution —, ils subirent la décapitation *avec d'autant plus de courage que c'était pour la première fois* !

. . . .

La route est bordée de cactus ou de figuiers de Barbarie aux feuilles larges et épaisses ; de gros lézards, longs de trente à cinquante centimètres, se chauffent au soleil et s'enfuient à notre approche dans les haies épineuses.

Tout le long du chemin courent de charmantes petites allouettes, fort peu farouches, qui trotinent gentiment dans le gazon des bordures et s'envolent à peine quand nous passons près d'elles. La campagne est couverte d'oliviers aux troncs noueux et fantastiques, au feuillage d'un vert grisâtre.

Vers sept heures nous arrivons à un grand fondouk où nous nous arrêtons pour laisser souffler les chevaux.

Le *fondouk*, ou caravansérail, — l'hôtellerie populaire, — n'est autre chose qu'une vaste cour plus ou moins rectangulaire, entourée de murs formant galerie. Les hommes, les bêtes et les voitures y sont logés pour quelque sous. On met les *arabas* (charrettes) dans la cour, on parque les animaux dans les écuries circulaires et le conducteur campe comme il peut, le plus souvent en plein vent, encapuchonné et roulé dans son burnous. Il y a ordinairement dans l'hôtellerie un café maure où l'Arabe peut savourer une tasse minuscule de sa boisson favorite et, s'il n'a pas de provisions, acheter quelques oignons, des concombres, des piments ou, les grands jours, se régaler de couscoussou.

Pour l'étranger, et surtout pour l'artiste, l'aspect d'un fondouk est toujours pittoresque et intéressant : c'est un fouillis de charriots, d'arabas peintes en rouge, de charrues primitives. Deci delà, des chevaux maigres et nerveux, de robustes mulets, d'inévitables bourricots; des chameaux agenouillés ou dressant les monticules de leur dos au-dessus de leurs compagnons de fatigues, des chiens à tête de chacal rôdant à la recherche d'un os hypothétique, des chats allongés, efflanqués guignant quelque oiseau, des poules faméliques vaguant avec leur sultan empenné et tout un monde d'ouvriers, de charretiers, de voyageurs.

Le fondouk où nous entrons ne manque pas à ce type général : malheureusement il n'y a personne en ce moment : la cour est déserte et les écuries sont vides. Dans l'une d'elles, un moulin à orge que fait tourner une mule, les yeux bandés. Il est, ce moulin, d'un primitif qui fait plaisir. On ne se figure pas les patriarches procédant autrement. L'attelage est composé de simples cordes et les traverses auxquelles la bête est attachée sont formées de grosses branches nullement équarries, recouvertes encore de leur écorce.

Que nous sommes loin des systèmes perfectionnés de nos appareils modernes, mais quel pittoresque ! L'Arabe tranquillement assis par terre, *en tailleur*, ne se lève que pour remplir de temps à autre le blutoir ou allonger un coup de fouet à sa mule, les poules viennent picorer les grains d'orge en gloussant pour appeler des nuées de poussins, des hirondelles qui ont fait leurs nids dans les poutrelles du toit vont, viennent à tire d'ailes, affairées, jasant et caquetant comme des commères bavardes.

Nos chevaux ont fini leur picotin et nous, notre café : nous traversons les eaux bourbeuses de la Medjerda, la seule rivière de la Tunisie, sur un pont arabe dont la montée et la descente sont assez roides.

La chaleur commence à se faire sentir : nous voici dans la plaine de la Medjerda : quelques douars d'arabes, des tentes en poil de chameaux, des baraquements d'ouvriers siciliens. Sous la surveillance paternelle d'un berger à moitié endormi à l'ombre d'un arbre, des moutons à la queue énorme broutent une herbe rare et des chèvres s'arrêtent pour nous regarder de leurs yeux moqueurs.

La route est déserte : nous ne croisons que quelques chameliers ou des familles entières de paysans, le père juché sur un âne avec deux ou trois gamins : les femmes vont à pied, portant d'énormes fardeaux sur leurs têtes ou quelque enfant à la mamelle. Elles ne se plaignent pas cependant, les malheureuses : bien plus, elles trouvent leur sort juste et naturel. Ah ! nous sommes loin des revendications féminines de nos citoyennes et du despotisme de nos belles mondaines, qui faisait dire à je ne sais plus qui, — Alexandre Dumas fils peut-être :

« La femme française une bien belle idée... que l'on a gâtée. »

Nous philosophons à perte de vue sur ce thème intarissable de l'éternel féminin mais bientôt avec une certaine mollesse, car la chaleur augmente de plus en plus : bergers et troupeaux cherchent l'ombre et rentrent sous les tentes, on n'entend que le concert strident des cigales égayant cette plaine immense brûlée par un soleil torride. Nous rôtissons au fond de notre calèche ; dans cet entassement de voyageurs, de bagages, de sacoches, de cannes et de parasols, nous nous tournons et nous retournons, prenant en vain les positions les plus acrobatiques, sans améliorer notre situation.

Nous arrivons vers neuf heures près d'une mare verdâtre : dans les joncs coasse un Parlement de grenouilles, votant sans doute quelque amendement ou renversant un ministère aquatique, car la séance est animée et orageuse.

La chaleur accable bêtes et gens : nos chevaux se désaltèrent à grands traits. Que ne nous pouvons nous en faire autant ! Il y a bien un puits dont la margelle est à fleur de terre, mais l'eau n'est guère potable et nous sommes dégoûtés en voyant d'immondes crapauds, étalés à la surface. Ils s'effraient à peine des pierres que nous leur lançons et restent comme hébétés, nous regardant de leurs gros yeux ronds. Nous remontons dans notre rôtissoire, changeant de places comme St Laurent sur son gril, mais sans trouver plus de fraîcheur.

La route maintenant traverse la brousse, remplie, paraît-il, de gibier — cailles, lièvres, perdrix — et gravit les flancs d'une longue colline au sommet de laquelle nous apercevons dans le fond Bizerte, son lac, et la ligne bleue de Méditerranée. Nous en sommes encore à deux heures mais le courage nous revient. C'est la terre promise que nous voyons comme Moïse, mais plus heureux que lui, nous devons y entrer. Hurrah !

Cependant on sent une forte odeur de roussi. Mon malheureux pantalon brûle lentement sous la cigarette de Kauffmann : — toujours le même, — celui qui avait pris un bain de pied à Marseille et une douche de vermouth à Tunis. L'eau et le feu ! Toutes les épreuves de la torture ; toutes les horreurs de la question !... Mais l'eau, voire le vermouth, bagatelle ! Quelques rayons de soleil — et il n'en manque pas en Tunisie, — et c'était sec, maintenant le malheur est irréparable. Ce blagueur de Kauffmann a beau m'assurer qu'il y a à Bizerte des juifs très habiles, qui rapiéceront mon inexpressible, me jurer qu'il ira chercher lui-même le premier tailleur de la ville : je reste incrédule et navré devant ce malheur. Le seul de nos compagnons de voyage qui possède une culotte de rechange, me l'offre gracieusement, mais le remède est pis que le mal. Comme il est bien plus petit que moi, son vêtement m'arriverait à peu près au milieu des mollets, j'aurais l'air d'un de ces collégiens qui ont grandi démesurément et qui usent quand même leurs effets d'uniforme.

Je ne puis pourtant pas me promener à Bizerte dans la tenue d'un highlander ! Cet événement me rend d'assez mauvaise humeur, d'autant plus que mon estomac crie famine. Je gourmande pour sa maladresse Kauffmann qui ne s'en émeut guère et continue à me larder de ses plaisanteries douteuses. Je me livre avec des épingles à un travail compliqué pour arriver à boucher de mon mieux le trou de ma culotte, — en attendant que je puisse combler celui de mon estomac.

Enfin nous voici à Menzel dont les blanches maisons sont perdues dans un oasis de verdure : une demi-heure après nous arrivons à destination.

Nous traversons d'abord la Bizérte nouvelle qui par suite des travaux du port est sortie de terre comme sous la baguette magique de quelque sorcier : partout des maisons neuves, des rues tracées, des constructions à peine terminées et déjà habitées.

On passe le nouveau chenal, qui relie le lac avec la mer, sur un grand bateau plat mû par la vapeur : il transporte à la fois nos chevaux et notre voiture sans que nous ayons besoin de nous déranger.

Sur le coup de onze heures nous nous arrêtons devant l'Hôtel Continental qui n'a guère avec son homonyme de Paris d'autre ressemblance que le nom. Nous sommes à peine arrivés que nous réclamons le déjeuner à grands cris. Pour nous apaiser et nous faire prendre patience, on nous sert des sardines sur lesquelles se précipite notre ami Raynal avec un appétit digne d'un meilleur sort. Mais l'huile est rance : il se rejette sur la bouillabaisse. Il en mange pour la première fois de sa vie : moi qui l'exècre, j'en abuse pour faire une énergique déclaration de principes et une charge à fond contre ce plat marseillais dont j'analyse les horreurs : dégoûté, il abandonne sa cuillère, et essaie mais en vain, d'entamer la tige de botte qu'on nous a servie pour du bifteack. Mais Kauffmann se met de la partie. Il commence par nous décocher un jeu de mots déplorable en prétendant que ce n'est pas le bœuf qui s'est fait *cuire*, mais le *cuir* qui s'est bœuf et il ajoute insidieusement que, du reste ce n'est pas du bœuf, mais le restant d'un des buffles du Djebel-Ischeul tué dans une des battues de la semaine précédente. C'est le bouquet ! Notre malheureux ami, absolument navré et perdant complètement l'appétit, proclame la cuisine bizertine au-dessous de tout et s'en va se coucher. Nous autres, qui avons des estomacs plus complaisants, nous dévorons sa part traitreusement soustraite par des plaisanteries de mauvais aloi. Nous nous consultons ensuite sur la promenade : mais au diable Bizerte, ses pêcheries, son port, ses curiosités naturelles et autres ! Il fait décidément trop chaud, et à l'exemple de Raynal, chacun regagne sa chambre pour faire la sieste jusqu'à quatre heures.

Il n'y a encore rien de mieux pour visiter une ville que l'assistance d'un de ses habitants : il y met un amour-propre municipal qui vous évite la moindre recherche et ne vous fait même grâce d'aucun détail. Nous avons eu la bonne fortune de rencontrer à Bizerte un ancien ami de Kauffmann, M. P... qui habite sinon la ville au moins les environs. Il s'est constitué notre cicérone avec une bonne grâce charmante et, en deux ou trois heures, nous a tout montré.

Nous longeons d'abord les quais qui conduisent à la Kasba, bordés de ces maisons de triste apparence qu'on retrouve dans tous les ports : des hôtels borgnes, des établissements louches, d'atroces gargottes, des boutiques basses et sombres, surtout des cafés maures et des bars européens.

Vis à vis, des marchands de poisson en plein vent étalent par terre ou sur des éventaires leur marchandise visqueuse : quelques dorades aux lèvres épaisses de négresse, de gros poissons hideux et très communs qu'on appelle *merons* (?) et qu'on coupe par tranches gluantes dont se nourrit le peuple, des murènes à la peau noire tachetée de roux ou de jaune comme la peau des serpents.

Le pavé, rude et inégal, rend la marche fort pénible : nous arrivons cahin caha, traînant la jambe et à la file indienne jusqu'à la Kasba où s'amorce la jetée Nord.

Elle est construite avec d'énormes blocs de pierre qui

rappellent les antiques murailles pélasgiques. Longue d'environ un kilomètre, d'une profondeur qui atteint jusqu'à treize mètres, elle protège les navires contre les vents du Nord qui sont les plus dangereux.

On construit une deuxième jetée qui aura également un kilomètre de long et dont le musoir s'arrêtera à 400 mètres du musoir de la jetée Nord. Ce sera l'entrée de l'avant-port, une nappe d'eau de plus de 100 hectares.

Nous prenons alors une barque qui nous fait traverser dans toute sa longueur le nouveau canal.

Creusé dans la langue de terre qui séparait le lac de la mer, il a 60 mètres de large, sur 7 ou 8 de profondeur, ce qui en permettra l'accès aux plus grands bâtiments. Actuellement il est encore encombré de dragues, de grues, d'appareils hydrauliques.

Nous arrivons ainsi, mollement bercés, aux pêcheries, simples clayonnages formant un labyrinthe de chambres où les poissons du lac s'engagent en remontant à la mer.

Deci delà, de misérables huttes pour les pêcheurs, construites en roseaux comme les kampongs japonais ; les unes, sur le rivage, les autres s'élevant sur des pieux, au-dessus des eaux, semblables à des habitations lacustres. Un baraquement en planches sert de bureau pour les employés et de magasin de réception, de pesage et d'expédition.

Ces pêcheries sont bien déchues de ce qu'elles étaient autrefois avant que les constructions du nouveau port les eussent bousculées et reportées à la pointe de Sebra. Elles suffisaient alors amplement à la consommation de Tunis et rapportaient beaucoup aux particuliers qui les affermaient annuellement à l'Etat moyennant une redevance variant de 100 à 150.000 francs. Aujourd'hui considérablement réduites, elles ont été concédées comme compensation pour 75 ans à la Cie des Batignolles qui construit le port : leur production est du reste tombée au tiers ou au quart. En somme, elles n'offrent aucun intérêt.

L'eau est tellement transparente que nous voyons à plusieurs mètres de profondeur les murènes ou les dorades frétiller et se démener désespérément contre les palissades.

On y trouve toutes espèces de poissons de mer et même ces énormes crevettes, la gloire des hors-d'œuvre tunisiens et le régal des gourmets.

L'eau est si douce, si limpide, le sable, si fin, si moelleux que nous prendrions volontiers un bain — plus décemment toutefois que ces indigènes qui se baignent là-bas dans un costume fort primitif. Mais nous n'avons pas le temps de nous livrer à ces délices aquatiques et la voix de M. P... nous arrache à notre Capoue. Nous remontons en barque et nous revenons par l'ancien chenal, très pittoresque avec ses maisons arabes, ses murailles crénelées et son pont-levis dont les poutres dressées ressemblent à de grandes potences. Nous voici à notre point de départ, à la Kasba : nous quittons notre barque, et, comme nous avons eu l'imprudence de donner généreusement à nos bateliers le double au moins de ce que valait cette course maritime, les drôles élèvent les prétentions les plus exorbitantes. Nous les envoyons au diable et ils y vont en grognant : nous aurions donné juste le prix, ils seraient partis enchantés. Avis aux touristes. Il en est du reste ainsi dans tout l'Orient.

La porte de la Kasba est curieuse avec ses claveaux alternativement rouges et noirs et son couronnement de créneaux pointus dans le goût de l'architecture assyrienne. Nous prenons le chemin qui longe les remparts et court sur le flanc d'une colline assez roide. Nous arrivons à un terrain vague, il s'y trouve à côté d'un cimetière musulman plusieurs fours de potiers, gigantesques taupinières où cuit la vaisselle de terre, à peu près comme le charbon dans nos forêts.

Nous avons de cet endroit une vue fort étendue qui nous permet d'embrasser d'un coup d'œil tout Bizerte, et ses environs : non loin de nous, des maisons européennes aux toits de briques rouges très inclinés, — le pavillon français flotte sur l'une d'elle, c'est m'a-t-on dit, la résidence du contrôleur civil : plus bas, la ville arabe avec ses terrasses, ses koubbas rondes, ses mosquées, entourée d'une ceinture de murailles crénelées, flanquée de la Kasba, son palladium, citadelle pittoresque mais qui ne tiendrait pas une heure devant l'artillerie moderne.

Puis l'avant-port étendant dans la mer le long bras de sa jetée, comme la tentacule d'une pieuvre, quelques bateaux à l'ancre, parmi eux un navire de guerre, l'*Hirondelle*.

Voici l'ancien chenal qui partage la vieille cité arabe en deux et le nouveau, qui la sépare de la future ville française ; — l'arrière-port naturel formé par la pointe de la Sebra qui s'avance dans l'avant-lac et forme un abri incomparable ; — plus loin encore un premier lac découpé par mille déchiquetures, où tous les poissons, où tous les gibiers d'eau se donnent rendez-vous.

Une langue de terre de deux à trois kilomètres le sépare d'un autre lac d'où émerge le piton massif du Djebel-Ischeul. C'est un ilot rocheux, haut de six cents mètres, couvert de brousses, peuplé de renards et de sangliers, la retraite des buffles sauvages. Ces fameux buffles ne sont nullement autochtones, ils ont été donnés au bey il y a une vingtaine d'années par je ne sais plus quelle républiquette américaine. Celui-ci fort embarrassé de ce cadeau et, n'ayant pas comme Monsieur Carnot, un jardin des Plantes à sa disposition pour y interner les fauves qu'on lui envoie, n'imagina rien de mieux que de les lâcher dans cet îlot désert. Les buffles fort tranquilles, — car la chasse est absolument prohibée sauf pour des cas exceptionnels comme celui de la semaine dernière, — firent touche d'honnêtes animaux et peuplent maintenant les solitudes du Djebel-Ischeul.

Nous descendons dans la ville arabe, par la principale artère qui coupe à angle droit la rue du Consulat. Nous rencontrons à peine deux ou trois Européens, mais les indigènes y affluent, c'est le boulevard des Italiens de l'endroit, — un boulevard des Italiens d'un genre particulier, bordé de maisons basses, à terrasse. Beaucoup n'ont qu'une porte et pas du tout de fenêtres, espèces de tanières où bêtes et gens vivent fraternellement ensemble.

Je laisse mes compagnons retourner seuls à l'hôtel et, comme il y a encore plus d'une heure avant le dîner, je m'attarde avec bonheur, séduit par les mille riens de la voie publique ; — un chat traversant la rue sur une arcade à pas comptés et allongeant sa maigre échine ; — une vache qui, cédant à quelque caprice baroque ne veut absolument pas rentrer dans son étable, malgré les efforts de son propriétaire. Il faut que les voisins viennent à la rescousse, les uns tirant, les autres poussant, tout le monde suant et criant : clameurs encore dominées par les longs meuglements de l'animal. — A côté, un bourricot passe curieusement par une lucarne sa tête ornée d'oreilles immenses et semble dire d'un air philosophe : « Est-elle assez bête aujourd'hui, ma voisine, et quelle mouche la pique donc ? » — Des défilades de chèvres qui reprennent d'elles-mêmes le chemin de leurs demeures respectives ; — des ouvriers qui reviennent des champs ou du port, leurs outils sur l'épaule ; — des flâneurs assis à un café maure ou accroupis sur le seuil de leurs maisons.

Je prends quelques croquis à la hâte et je suis bientôt entouré d'une foule de curieux qui se penchent sur mon épaule et rient de bon cœur de voir reproduire les scènes familières qui se passent sous leurs yeux. De grands enfants, tous ces Arabes ! Des cigarettes que je distribue, un dessin que j'abandonne généreusement à l'un deux suffisent pour me rendre sympathique. La foule me suit quand je pars et l'heureux possesseur du dessin m'accompagne, agitant en l'air sa feuille de papier sur laquelle j'ai esquissé sa ressemblance non garantie, mais fortement enluminée.

Un barbier, dont l'étroite boutique est bondée de clients, m'invite d'un geste aimable à entrer pour dessiner sa maisonnée : mais il fait trop noir dans ce trou imparfaitement éclairé par une lampe fumeuse. Il pourrait même afficher comme enseigne : ICI, non pas *on loge*, mais, ON RASE A LA NUIT. Impossible de crayonner quoi que ce soit : j'ai une idée baroque, j'exécute avec mes mains sur la muraille une série d'ombres chinoises : la chèvre, le lapin, le chien, le loup, le chat, le cygne. Le lapin surtout a un succès énorme. Je ne puis, hélas ! accompagner cette mimique d'aucun des commentaires obligés, mais j'imite les cris des animaux que je représente : je bêle, je miaule, j'aboie !.. Les spectateurs se tordent, ce n'est plus du délire, c'est de l'épilepsie.

Cependant mes compagnons de voyage, inquiets de ne pas me voir rentrer et attirés par cette foule grouillante arrivent à la hâte, craignant qu'on ne me fasse quelque mauvais parti. Ils restent stupéfaits de me trouver faisant concurrence à Caran d'Ache et aux artistes des Ambassadeurs. Je m'arrache avec peine à l'admiration populaire pour m'en aller dîner.

Le repas fut à peu près aussi détestable que le déjeuner : une sole frite trop petite pour l'appétit de cinq belles fourchettes, en vain nous en réclamons une autre à grands cris, il n'y en a plus, — à Bizerte comme dans nos ports de mer, quand on veut du poisson, il faut le faire revenir de la capitale, — des flageolets plus que durs, et un poulet si étique et si maigre qu'après avoir eu mille peines pour le découper, nous ne trouvâmes rien à glaner sur ses flancs décharnés et ses cuisses osseuses. Comme couronnement, un fromage aussi animé que notre conversation! Baste! que nous importaient les mécomptes de ce festin à prix fixe sur lequel Boileau eut pu exercer sa verve satirique! Nous riions comme cinq fous que nous étions, magistrats ou fonctionnaires en rupture de ban. Une bouteille d'un champagne plus ou moins frelaté mais dont le bouchon dans une détonation terrible s'en fut endommager le plafond, acheva de nous mettre en belle humeur.

Après avoir médiocrement dîné et nous être fort amusés, nous nous promenons sur les quais : ce canal, cette eau qui dort, ces blanches maisons qui s'y reflètent sous les pâles rayons de la lune, me rappellent la ville des doges : et ce n'est pas la première fois que cette comparaison se produit, car — avec une légère hyperbole toutefois — on appelle Bizerte, la Venise tunisienne.

Nous nous asseyons à la table boiteuse d'un café en plein vent, — le plus beau de la ville — et qui ressemble au café Américain à peu près autant que notre auberge, à l'hôtel Continental. Comme nous avons vu toutes les curiosités de Bizerte, deux de nos camarades émettent l'idée de repartir de suite pour Tunis au lieu d'attendre quatre heures du matin ainsi que c'était convenu. On évitera de la sorte la chaleur de la journée. La proposition est acceptée, mais tandis que nos deux camarades s'en vont à l'hôtel boucler leurs valises, Kauffmann et moi, aidés de M. P..., formons le perfide projet d'abuser de leur crédulité.

Ils étaient à peine de retour que M. P..., d'un air détaché, nous dit : « Vous repartez la nuit ; c'est très bien, mais au moins vous avez des armes ? »

A ces mots, nos deux amis de dresser les oreilles.

« — Hein ? des armes ? Est-ce que vous croyez....

— Mon Dieu, il n'y a pas *grand* danger, mais enfin il vaut mieux prendre ses précautions et se tenir sur ses gardes.

— J'ai un revolver, dit Raynal, mais il n'est pas chargé.

— Et moi, j'ai ma pipe, la nuit l'étui peut faire illusion, ajouta cet incorrigible Kauffmann en éclatant de rire. Il faillit même tout compromettre par cette phrase inconsidérée.

Heureusement M. P... qui avait conservé son sérieux, reprit :

— « Vous plaisantez, mais on a encore assassiné un voyageur la semaine dernière.

— Assassiné ! clamèrent avec épouvante nos deux victimes.

— Assassiné !! répéta la voix sourde de leur bourreau.

Et, ce diable de P... avait en prononçant ce mot fatal un air si tragique que Kauffmann et moi en ressentions des frissonnements — de rire.

C'est qu'ils faisaient maintenant triste figure, les deux promoteurs du voyage nocturne !

L'un d'eux hasarda timidement : « Si nous remettions notre départ au matin, comme c'était convenu tout d'abord ?

— Au matin, s'écria bravement Kauffmann, mais on

vient de prévenir le cocher, dans quelques instants notre Maltais sera ici avec sa voiture, que dira-t-il s'il apprend la cause de ce changement ? Voulez-vous passer pour des lâches aux yeux de l'Angleterre ?

— Je me fiche de l'Angleterre, interrompit impétueusement Raynal, mais je n'ai pas l'envie de laisser ma peau ici : moi d'abord je ne pars pas !

— Ni moi non plus, ajouta notre autre ami. »

La farce menaçait de rater : M. P... sauva encore une fois la situation.

— « Il ne faut pas prendre les choses aussi tragiquement, déclara-t-il, vous êtes quatre, on n'osera jamais vous attaquer, partez ».

Mais nos compagnons n'étaient plus convaincus : ils me prirent à l'écart pour me dire : « Écoutez, de la Forge, Kauffmann n'est qu'un écervelé, vous êtes un homme sérieux, un homme marié, comme nous : à quoi bon, sans parler même d'un danger réel, nous risquer dans une aventure désagréable pour quelques heures d'avance ? Mettez-vous de notre côté : nous serons ainsi trois contre cet enragé de Kauffmann qui ne veut rien entendre ».

— Vous parlez d'or, répondis-je, mais vous savez comme il est entêté, il est capable de retourner tout seul à Tunis avec la voiture, autant vaut repartir avec lui ».

Voyant qu'il n'y avait plus rien à faire, ils cédèrent, mais en soupirant. M. P... fit semblant d'aller chercher un revolver chez lui et me remit le mien que je lui avais passé à la sourdine. Puis, la voiture étant arrivée, il nous souhaita bon voyage en nous serrant fortement la main et en ajoutant comme dernière recommandation : « Surtout ne dormez pas, c'est toujours pendant leur sommeil qu'on surprend les voyageurs ».

— « Il a raison, dit Kauffmann, aussi à tour de rôle chacun de nous montera à côté du cocher, avec un revolver dans sa poche : à la première alerte, il avertira les camarades logés à l'intérieur. Nous sommes quatre : ça fera juste deux heures de faction chacun. Qui commence ?

— Moi ! cria bravement Raynal, estimant sans doute qu'il était plus agréable de se débarrasser sur le champ de cette corvée que d'être réveillé au milieu de la nuit.

— Monte donc ! et surtout surveille le cocher : il ne m'a pas l'air très catholique, tous ces Maltais s'entendent de compte à demi avec les brigands de grande route. »

Et voilà Raynal en l'air comme un guetteur sur sa tour, surveillant la campagne.

Pendant ce temps, à l'intérieur de la voiture, notre autre ami encore moins rassuré que son compagnon ne fermait pas l'œil tandis que Kauffmann et moi dormions comme des bienheureux.

Inutile de vous dire qu'il n'y avait pas l'ombre de danger : vous pouvez parcourir la Tunisie en parfaite tranquillité : les pistes sont aussi sûres que nos routes de France et j'aimerais mieux errer la nuit dans les rues de Tunis que dans certains quartiers de Paris à deux heures du matin.

L'inquiétude de nos camarades n'en était pas moins justifiée : dans un pays inconnu tout vous semble étrange, le costume, les mœurs, le langage. Je comprenais d'autant mieux leurs impressions que je les avais ressenties autrefois.

Lors d'un premier voyage en Tunisie, nous revenions, ma femme et moi, la nuit de Kairouan à Sousse, un désert de sable d'une quinzaine de lieues, quand vers minuit — l'heure des crimes — notre voiture s'arrête. Je demande à notre cocher tunisien ce qu'il y a et il me répond en mauvais français : « Arabes arrêter vous ! » En même temps de chaque coté apparaissent deux grands escogriffes armés de matraques. Avec l'officier qui m'accompagnait, nous braquons nos revolvers par les portières et nos agresseurs prennent la fuite. Mais je vous assure que de minuit à quatre heures du matin, je passai une nuit fort mouvementée, me disant : Ils vont revenir avec des fusils et nous canarder dans notre guimbarde comme des oiseaux dans une cage. Il ne nous arriva rien, mais nous ne fûmes complètement rassurés qu'à la vue du tirailleur indigène montant sa garde devant les baraquements militaires, près de Sousse.

Je dois ajouter comme épilogue de l'histoire que le regretté M. Massicault à qui j'avais recommandé l'officier, notre compagnon de route, pour le nicham, m'envoyait deux mois après un dossier volumineux : rapports du contrôle, de la police, de la gendarmerie. Ledit dossier établissait que nos prétendus agresseurs étaient de fort honnêtes gens qu'on avait apostés là tout exprès pour servir de guides aux voyageurs égarés. Le drame se terminait en opérette !

. . . .

Nous étions donc bien cruels envers nos amis et à l'heure présente, je ne me suis pas encore pardonné cette fumisterie pour laquelle je les prie d'agréer mes plus sincères excuses. Mais ce blagueur de Kauffmann était enragé, surtout à l'égard de ce pauvre Aristide Lemarquier qu'il avait pris comme tête de Turc. Dès qu'il le voyait fermer l'œil, succombant à la fatigue, « Aristide, criait-il, tu dors, souviens-toi de ce que t'a dit M. P... ! »

Et le malheureux de s'écarquiller les yeux en interrogeant la campagne d'un regard effaré.

Nous n'eûmes pas à repousser la plus petite attaque ni à subir le moindre siège. Un seul incident : à un moment donné, la voiture s'arrête, l'anxieux Aristide nous réveille en disant : « J'ai vu Raynal tirer son pistolet de sa poche, il y a quelque chose.

— Qu'est-ce ? demandons-nous à notre guetteur.

— Je ne sais pas trop, répond celui-ci, il y a un charretier arabe qui a mis sa voiture en travers de la route comme pour nous barrer le chemin : ça me paraît louche. »

Ce n'était louche que dans l'esprit troublé de notre camarade : car l'arabatier qui comme tous les indigènes ignorait la théorie de main droite et main gauche, ne sachant où tourner, s'était campé au milieu de la route : nous l'aidâmes à détourner son cheval un peu rétif, et notre société fut sauvée.

En arrivant à la montée de la colline que Kauffmann avait perfidement dénommé *le Col Dangereux*, Reynal dégringola de son perchoir, alléguant, ce qui était vrai du reste, que ses deux heures de garde étaient finies.

C'était le tour d'Aristide, mais celui-ci s'y refusa énergiquement. Notre voiture privée de guetteur continua paisiblement son voyage. Le *Col Dangereux* fut franchi sans danger !

Du reste à cette époque, autant la route est déserte le jour en raison de la chaleur torride, autant elle est fréquentée par ces nuits délicieuses, fraîches et lumineuses. A chaque instant, nous croisions des voitures ou des cavaliers : tantôt la lourde diligence qui va de Tunis à Bizerte, — véritable monument, roulant avec un bruit sourd de ferrailles, — tantôt quelque légère charrette anglaise d'un colon filant comme une flèche, des *arabas,* des caravanes de chameaux pesamment chargés, allongeant leurs têtes grimaçantes près des portières, des ouvriers siciliens bruyants et tapageurs, des arabes glissant sans bruit dans l'ombre où ils faisaient des taches blanches, drapés dans leurs manteaux comme des spectres dans leurs linceuils.

Dans cette plaine immense de la Medjerda pas d'autre bruit que, par moments, le hululement d'un oiseau nocturne fendant lourdement l'air, les hurlements des chiens se répondant de douars en douars, le braiment prolongé et lointain de quelque âne en gaîté, et, dominant le tout, le cri-cri monotone et perpétuel d'innombrables grillons.

Vers trois heures du matin, je montai sur le siège, non pas pour faire mon tour de garde, mais pour voir lever l'aurore — en homme vertueux. Je me faisais un plaisir de ce spectacle : déjà une ligne rouge se dessinait à l'horizon, et, en s'aggrandissant, annonçait le lever du soleil : malheureusement le ciel se couvrit peu à peu de gros nuages et au lieu du soleil, la pluie. Elle tombe d'abord piano, piano, puis se change en averse qui me force à déserter ma place et à me réfugier dans la carapace de la voiture.

Nous continuons notre route au tout petit trot et nous n'avançons plus que bien doucettement ; nos chevaux commencent à être fatigués. Ca se comprend, il y a soixante-cinq kilomètres par la route de Tunis à Bizerte et tout à l'heure, quand nous serons arrivés, ils auront leurs *cent trente kilomètres* dans les jambes. Plus de trente-deux lieues en vingt-quatre heures, c'est coquet ! Cela n'a cependant rien d'extraordinaire en Tunisie : j'ai fait à peu près pareille course dans le désert avec des chevaux qui, n'ayant que la peau et les os, étaient néanmoins infatigables.

Voici Kassar-Saïd et son oasis d'orangers, la forteresse croulante du Bardo, la banlieue de Tunis ; on sent l'approche de la ville : des Nemrods de cailles et de perdrix s'enfoncent dans les sentiers, montés sur leurs bourricots ; des officiers en petite tenue font en caracolant à cheval la promenade du matin, suivis de leurs ordonnances à la distance réglementaire ; des troupeaux de moutons ou de chèvres s'en vont aux pâturages, soulevant autour d'eux des tourbillons de poussière.

Il y a non loin de la porte Bab-el-Khadra une fontaine et un abreuvoir où s'arrêtent toutes les voitures avant d'entrer dans la ville pour rafraîchir leurs chevaux. Notre cocher n'a garde de manquer à cette coutume et tandis qu'il fait boire son attelage, nous regardons un gamin arabe de sept ou huit ans à peine qui étrille, peigne, soigne avec sollicitude un vieux cheval aveugle, une ombre de cheval, qui ne tient plus sur ses pattes que par la force de l'habitude, et dont les yeux obscurs semblent déjà voilés par la mort.

CHAPITRE X

Les Hammams à Tunis. — L'établissement de bains Français. — Un massage sérieux. — Promenade aux souks. — Leur aspect. — Recommandation aux voyageurs. — Une scène comique et éternelle. — Un amine énergique. — Les rues de l'Eglise et de la Kasba. — Topographie de la ville.

Jeudi 1er juin. — Il était près de six heures du matin quand je rentrai à mon logement, j'essayai mais en vain de dormir : pour me délasser de mes fatigues, je m'en fus prendre un bain et me faire masser.

Le Hammam en Orient, comme chez les peuples anciens, est très fréquenté. Il constitue la principale, j'allais presque dire, l'unique distraction des femmes qui ne sortent guère des cloîtres du harem que pour s'y rendre : les riches, dans des voitures hermétiquement fermées, les pauvres, à pied mais soigneusement voilées.

C'est un lieu de rendez-vous, une sorte de cercle — vicieux — où s'échangent les cancans, les potins de la ville, où se nouent même les intrigues de plus d'une liaison amoureuse en dépit de ces fidèles serviteurs qu'on a surnommés les Muets du Sérail. Disons, entre parenthèse, qu'il n'existe plus guère en Tunisie de ces inexpressifs gardiens de la vertu des dames. En est-elle moins en sûreté et les coups de canif dans les contrats sont-ils plus nombreux aujourd'hui qu'autrefois? Je l'ignore et cependant je ne le crois pas. Si le diable est malin, la femme l'est encore plus et de tous temps, — depuis Danaé jusqu'à Madame X..., — les grilles, les verrous, les portes les plus sûres ont été impuissantes contre les infidélités conjugales.

Et la garde qui veille aux barrières du Louvre
N'en défend pas nos Rois !

. . . .

Les mêmes établissements servent indistinctement aux hommes et aux femmes, mais que votre pudeur se rassure, les premiers y vont le matin, les secondes, l'après-midi à des heures strictement délimitées et cette ordonnance de police est religieusement observée.

Les Hammams sont facilement reconnaissables à leurs portes peinturlurées de rouge, de bleu et de blanc et aux nombreuses *foutas* (sortes de pagnes bariolés que les baigneurs se mettent autour des reins) qui sèchent sur les cordages des terrasses.

J'aurais bien voulu pénétrer dans un de ces hammams indigènes et subir toutes les épreuves du massage tel qu'il y est pratiqué. On m'en dissuada pour différentes raisons et je me contentai d'aller aux bains français sis rue d'Allemagne.

C'est un établissement fort bien tenu et que je suis heureux de recommander aux voyageurs. Si vous avez été ballotté par une traversée difficile, cuit par une chaleur torride, éreinté par une excursion lointaine, allez y prendre un bain, une douche ou vous faire masser et vous m'en direz des nouvelles. Vous trouverez en M. Fouché, le propriétaire, un homme très prévenant, qui a pour ses clients les plus délicates attentions. Vous pourrez vous reposer dans un parterre charmant, embaumé par les senteurs capiteuses des jasmins et des roses, égayé par les chants des oiseaux de la volière, ombragé par une végétation tropicale qui vous offre sa verdure et sa délicieuse fraîcheur alors que tout est brûlé par un soleil implacable.

Je m'y faisais donner chaque jour une douche régénératrice : j'ai voulu aujourd'hui, pour me reposer de mes fatigues, goûter du bain turc. Depuis qu'il existe à Paris un Hammam très fréquenté, on connait les horreurs et les délices de ce genre de bain. Après s'être déshabillé complètement, on passe successivement dans des salles d'une température de plus en plus élevée, 45°, 50°, 60°. Il y en a même une chauffée à 70°, — véritable enfer où ne pénètrent guère que les personnes qui veulent combattre leur obésité. Moi qui ne suis pas dans ce cas, je me contente modestement de 60°.

Je m'assieds sur un banc de pierre : la chaleur d'abord suffocante devient peu à peu tolérable, une transpiration abondante s'établit, je sue à grosses gouttes et après un quart d'heure, je rentre dans les premières salles qui me paraissent presque fraîches encore que la température en soit très élevée : je m'étends sur une table de marbre blanc et m'offre sans défense à mes baigneurs attitrés, Ahmet et Ali, qui se livrent sur moi à des exercices variés. Ils me tournent, me retournent, m'étrillent, m'essuient à qui mieux mieux. Tantôt ils font craquer mes membres qu'ils tirent en tous sens, — je crois qu'on me disloque, — tantôt, après m'avoir étalé sur le ventre, ils grimpent sur mon dos et me piétinent à l'envi. Je ne sais comment ils ne me cassent pas l'épine dorsale : je crie grâce à mes bourreaux, j'implore, je supplie, mais ils continuent sans pitié en me disant : « Bono, ça, bono... » Je vous en fiche, bourreaux ! Je suis rompu, brisé, anéanti !

Une justice à rendre à mes tortionnaires, c'est que les malheureux ne ménagent pas leurs peines, car pendant cette opération, je sentais de grosses gouttes de sueur tomber de leurs membres sur moi.

Il y a même, encore un autre détail, tellement naturaliste, que j'ose à peine le révéler à mes lectrices. De temps à autre ils me présentaient un long filament grisâtre comme de la mie de pain roulée entre des doigts sales. Au premier abord je ne sus ce que c'était. Mon Dieu ! c'était — comment dirai-je ? — le résidu de mon enveloppe humaine. Et mes masseurs jouissant de ma surprise, fiers de leurs talents et voulant sans doute flatter mon patriotisme de me dire : « Ça, macaroni pour Italiens ! »

Attrape, perfide nation !

Mes deux baigneurs m'inondent d'eau tiède, me savonnent des pieds à la tête, m'essuient avec mille précautions, me frictionnent d'eau de Cologne : je ne suis plus un homme, mais un bouquet. Je vais ensuite me faire fouetter le sang pendant quelques minutes par un jet d'eau froide : puis, énergiquement frotté, essuyé de nouveau, on m'enveloppe dans un grand peignoir, on m'encapuchonne dans un linge blanc qui me donne l'aspect d'un Arabe et on me conduit à travers un dédale de salles demi-obscures jusqu'à un lit de repos. Comme il fait bon alors de s'étendre et de déguster un doigt de Madère ou de Marsala en fumant ce tabac parfumé d'Orient ! Les pensées flottent vagues, indécises dans une rêverie exquise, tandis que mes deux Arabes m'éventent doucement.

Le bain turc est excellent, mais il ne faut pas en abuser : c'est une arme à deux tranchants. Il peut être aussi dangereux qu'il est réparateur et les indigènes, qui s'y livrent avec passion, en paient trop souvent les énervantes délices par des ramollissements et des infirmités précoces.

Cet exercice m'avait pris la plus grande partie de ma matinée, je retrouvai à table Kauffmann et nos deux autres compagnons de voyage remis de leurs fatigues et de leurs terreurs. Kauffmann taquinait toujours ce malheureux Lemarquier : « Hein ? Aristide, vas-tu en raconter quand tu seras rentré chez toi et leur en débiteras-tu, à tes compatriotes en faisant ton bézigue au Café du Commerce ! » Et l'excellent Aristide, laissant couler cette verve gouailleuse, savourait sans répondre un chateaubriand succulent qui lui faisait oublier les horreurs de la cuisine bizertine.

L'après-midi, Maynard se rend au Bardo : il fait si chaud que je ne me décide pas à l'accompagner et je m'en vais errer aux souks au gré de ma fantaisie.

Les souks sont les bazars de Tunis, — la great attreaction, la gloire de la ville. Chose rare ! alors que tout disparaît peu à peu aujourd'hui en Orient, se civilise, s'europanise, dans cette Tunis qui n'a pas encore perdu sa couleur locale, les souks ont eux aussi conservé leur cachet. Des rues étroites, sombres, tortueuses, mal pavées, voutées ou couvertes de planches à demi pourries dont les interstices laissent passer dans l'ombre de gais rayons de soleil.

C'est là que se concentre le commerce et chaque branche de l'industrie locale y est représentée.

Voici le souk *des bouchers* avec leurs étalages de viandes sanguinolentes, jaunâtres, couvertes de myriades de mouches que le marchand ne chasse que pour une minute avec son plumeau ; — le souk des *légumes secs* où sont empilés des sacs de riz, où dans les couffins d'alfa énormes, pansus et dans les larges plateaux en bois débordent les pois chiches, les lentilles, les amandes, les fèves grillées ; — le souk des *cordonniers* : des kyrielles de chaussures de toutes formes, de toutes tailles, de toutes couleurs, de tous prix, depuis la mule de velours, brodée d'or ou d'argent où se joue le pied mignon de la dame de harem jusqu'aux babouches de cuir jaune citron que traîne le *mesquine*, quand il ne va pas les pieds nus.

Plus loin le souk des *tailleurs* : il est rempli d'ouvriers qui penchés sur leurs aiguilles brodent, soutachent avec une adresse et une patience merveilleuses ces vestes aux couleurs voyantes, aux capricieuses arabesques toujours variées ; — le souk *des armes* : pittoresque arsenal de tromblons énormes à la gueule évasée, de gigantesques moukhalas incrustées d'ivoire, de pistolets garnis de cuivre, de sabres aux lames recourbées, de yatagans et de poignards ; — le souk des *étoffes*, où devant nos yeux éblouis, les marchands déroulent les tapis moelleux de Kairouan, les haïks brodés, les tissus transparents et légers, les foulards de soie multicolores ; — le souk des *chaudronniers* ; un amoncellement d'ustensiles de cuivre, chaudrons aux flancs rebondis, aiguières au long col, plateaux ornés de ciselures, de quoi tenter tous les peintres de nature morte ; — le souk des *parfums* aux piliers colorés, aux étroites boutiques peinturlurées dans lesquelles le marchand est assis à la turque, impassible comme un boudha dans son temple au milieu de ses cassolettes, de ses flacons, de ses cornets de henné, de ses paquets de cierges ; — le souk des *selliers* éblouissant de richesses : l'or et l'argent jetés sur les harnais, sur les housses, sur les caparaçons rouges, avec une profusion et un bon goût qui les font rechercher dans tout l'Orient.

Quel merveilleux spectacle, aussi changeant que celui de nos grands boulevards, plus pittoresque encore, grâce à cette foule bariolée qui se presse dans ces étroits couloirs, non moins attirant pour les indigènes qui ne s'en lassent jamais que pour l'étranger qui y vient pour la première fois.

Mais malheur ! trois fois malheur à lui, si voulant acheter un objet quelconque, il n'est pas accompagné d'un ami sûr qui en connaisse la valeur ! Fasciné par ces chatoyants étalages, circonvenu par le sourire engageant et les paroles mielleuses des marchands juifs ou tunisiens, s'il entre dans une boutique, il est perdu. Il n'en sortira que la bourse complètement vide, à la tête d'une cargaison variée qu'il aura payée deux ou trois fois sa valeur réelle, qui l'embarrassera pendant tout son voyage et qu'il trouverait à meilleur compte à Paris sur les boulevards ou sous les arcades de la rue de Rivoli.

Heureux encore si on ne lui a pas vendu des tapis de Kairouan — fabriqués à Rouen, de vieilles armes — fraîchement débarquées de St-Etienne, ou des fezs tunisiens — provenant directement d'Allemagne ! Les marchands sont passés maîtres dans l'art de la sophistication et il y a à Tunis 40.000 juifs.

Ne vous fiez pas davantage au cicérone que vous trouvez dans la rue ou dans les hôtels et qui vous offre ses services. Vous êtes sûr alors d'être doublement volé : car il s'entend invariablement avec les marchands comme larrons en foire.

Que de fois avec mon ami B... j'ai assisté à des scènes comiques, à des conversations que nos oreilles indiscrètes saisissaient au vol et dont il me traduisait la partie arabe ! Elles variaient peut-être pour la forme, mais le fond était toujours le même.

PERSONNAGES. — Un couple d'étrangers flanqués d'un interprète.
Le marchand.

MADAME (*admirative*). — Oh ! mon ami, les superbes tapis !

MONSIEUR. — Oui, en effet, ils sont fort beaux.

MADAME (*surenchérissant*). — Merveilleux, tu veux dire ! (*câline*) Tu devrais bien en acheter un pour notre salon ! Un véritable tapis d'Orient, acheté à Tunis même, toute la ville en parlerait et les Durandin ne feraient plus tant les fiers avec leur méchant coucou qu'ils ont eu en Suisse !

MONSIEUR (*sur la réserve*). — Oui, mais ça doit être cher et, tu sais, nous avons pas mal dépensé pour faire ce voyage.

MADAME (*aigre-douce*). — Oh ! ce n'était pas trop cher tout à l'heure quand vous vous êtes payé ces affreux pistolets qui me font peur ! (*Rageuse*) Et je suis sûr que vous n'hésiteriez pas, s'il s'agissait d'offrir ce tapis à cette juive qui dansait hier à l'Eden.

MONSIEUR (*très innocent*). — Oh ! si on peut dire !...

MADAME (*de plus en plus rageuse*). — Oui ! je l'ai bien vu, vous la dévoriez des yeux, impudique ! d'abord elle est hideuse, cette femme, une boule de graisse ! Mais vous n'avez jamais été qu'un coureur, ma mère me l'a toujours dit.

MONSIEUR (*pour éviter une scène*). — Ne fais donc pas d'esclandre, Victorine ! et laisse-moi tranquille avec ta mère. — Tu veux ce tapis ? Pourquoi tant d'histoires ! (*A l'interprète.*) Demandez le plus juste prix et ne craignez pas de marchander, mon ami.

L'INTERPRÈTE — Fiez-vous à moi, monsieur !

C'est ici que la scène en arrive aux gaîtés les plus bouffonnes du Palais Royal.

L'INTERPRÈTE (*parlant en arabe au marchand*). — Tu sais, ce sont des étrangers que j'ai raccolés au grand hôtel : ils buvaient du champagne, ils sont très riches et n'y connaissent rien : triple les prix, mais double la remise.

LE MARCHAND (*en arabe*). — Tu m'écorches, mais au moins fais l'article sérieusement.

L'INTERPRÈTE. — Compte sur moi. — (*au couple*) C'est pour rien : le marchand vend ordinairement ce tapis 800 francs, mais à l'occasion des fêtes, comme la saison s'avance et *parce que c'est vous* (!!!) il le laisse à 500 francs. (*baissant la voix comme s'il craignait d'être entendu*) C'est pour rien ! vous ne payez même pas la façon, ni le temps des ouvriers !

MONSIEUR. — Bigre ! c'est cher, mais c'est beau ! (*A sa femme*) Au moins tu ne me reprocheras plus rien ! — Et les Durandin en crèveront de jalousie !

. . . .

Le mieux que vous avez donc à faire, c'est d'errer au gré de votre fantaisie dans cette forêt de Bondy, de satisfaire votre curiosité en regardant ces honnêtes industriels, d'entrer au besoin dans les boutiques pour admirer les étoffes et la complaisance du marchand qui, avec une politesse infinie, dépliera tout son magasin, vous offrira même une tasse d'excellent café par dessus le marché, — et de vous en aller en emportant simplement... sa carte.

Que les négociants de Tunis ne m'accusent pas de tuer leur commerce. Il y aura toujours assez d'artistes pour acheter les belles choses, et d'imbéciles pour se payer le reste !

Les corporations des commerçants sont toutes, si

humbles qu'elles soient, placées sous l'autorité d'une *amine* ou chef, qui a un droit de surveillance, juge les contestations et protège le public contre les fraudes.

Les *amines*, notamment celui des vivres, possédaient avant l'occupation française un pouvoir des plus étendus ; il leur était permis de condamner à la prison les fournisseurs assez malhonnêtes pour vendre à faux poids ou livrer de la marchandise avariée.

On m'a même assuré l'authenticité de l'anecdote suivante.

Un boulanger avait l'habitude de tromper ses pratiques : fatigué des plaintes continuelles qui s'élevaient contre lui, l'amine prit un parti décisif ; il le fit jeter dans son four allumé, qu'il ordonna encore de murer par excès de précaution.

Ce moyen de réprimer la fraude parut un peu excessif et l'amine, à sa grande surprise, se vit un jour cité devant le bey. Celui-ci, sans dire un mot, hocha la tête et esquissa un geste qui signifiait : Tu as peut-être été trop loin. A ce geste l'amine se contenta de répondre par un autre, il leva simplement un doigt en l'air, comme pour dire : Je n'ai fait périr qu'un seul homme, — pour l'exemple.

Satisfait de cette réponse mimée, le bey renvoya l'amine absous, mais il lui recommanda d'être moins énergique à l'avenir.

Deux rues conduisent directement aux souks, la rue de l'Eglise et la rue de la Kasba. Elles partent de cette petite place de la Bourse que l'on trouve après avoir franchi la porte de France et vont au Dar-el-Bey en traversant dans toute sa longueur le quartier de la Médina ou de la Cité. Elles sont à peu près parallèles, s'il est permis de violer pareillement la géométrie en parlant de voies qui affectent les sinuosités les plus fantastiques.

Toutes deux ressemblent absolument aux rues étroites et populeuses de Gênes ou de Naples. Du reste la plupart des boutiques appartiennent à des Italiens. La science de l'étalage y fait complètement défaut, et les vitrines sont encombrées d'une foule d'objets plus ou moins disparates. Les chapeliers, les fripiers, les revendeurs y pullulent ainsi que les marchands de macaroni et les *levatrices* (sages-femmes) avec leurs enseignes caractéristiques : un gamin sortant d'un chou, ou une dame enrubannée apportant un bébé rose. Il y a des voisinages suspects, des perruquiers à côté d'une trattoria ou d'une friturerie en plein vent : les odeurs de graisse brûlée se mêlent au parfum écœurant des pommades. Une saleté en un mot qui rappelle l'Italie.

Les rues de l'Eglise et de la Kasba sont coupées dans leur longueur, de l'Est à l'Ouest, par deux autres artères très longues, sinon très larges : car la largeur n'existe pas pour les rues arabes.

C'est d'abord la rue des Teinturiers, qui continuée dans le quartier Al-Djazira, conduit soit à la porte Bab-el-Fellah par la rue du même nom, soit à la porte Bab-Allaoui par la rue Sidi-el-Béchir et rejoint à l'Est, les rues Souk-el-Grana, Sidi Mahrès, la rue et la place Bab-Souika. Vous pouvez de là, par la rue Tabanine aller à la porte Bab-

Sadoun qui mène au Bardo, ou par la rue Halfaouine jusqu'à la célèbre place qui porte ce nom. Cette rue des Teinturiers traverse donc toute la ville sous différents noms.

En second lieu, la rue des Étoffes qui part de l'avenue Bab-Djedid, (boulevard Est), se continue par la rue Sidi-ben-Arous, la rue du Sabre et la rue du Pacha et va tomber dans la rue de l'Alfa non loin de la porte Bab-el-Alouch.

Il est facile, à l'aide de ces points de repère que j'indique sommairement, de se retrouver dans le quartier arabe, — après s'être peut-être consciencieusement égaré au milieu de ces rues, de ces impasses qui se coupent, se croisent, s'entre-mêlent, semblables au travail des termites dans un bois vermoulu.

Aussi je recommande particulièrement aux étrangers le plan que M. Henri Lefrançois, libraire-éditeur à Tunis, a dessiné lui-même et publié récemment. Il est extrêmement bien fait, très clair, très complet et permet de se diriger facilement, sans recourir à des cicérones plus ou moins ennuyeux.

Enfin une très heureuse innovation, c'est d'avoir placé dans les rues, comme dans les villes de France, des plaques bleues qui portent les noms en arabe et en français. Grâce à ces indications on peut toujours retomber dans quelqu'une des grandes artères que sillonnent maintenant les tramways.

Un bon point à la municipalité.

CHAPITRE XI

Chez Albert le photographe. — Une juive qui pose. — Le fils du Caïd de Mateur. — Une leçon de tambour. — Un cerf amateur d'aquarelle. — Chasse aux slouguis. — Comme quoi les ombres chinoises peuvent rendre service à l'Art — Madame Cardinal et ses filles.

Vendredi 2 juin. — Nos amis Maynard et Lemarquier prennent cette après-midi le paquebot pour retourner en France. C'est le premier égrenement de notre joyeuse société, mais au moins comme nous habitons tous Paris ou ses environs, dans un rayon maximum de trois ou quatre heures de chemin de fer, — une bagatelle, — nous sommes assurés de nous retrouver quelque jour et de ne pas voir se rompre par l'éloignement les liens d'une amitié née rapidement, mais bien sincère.

Que c'est curieux cependant ! Il y a dix jours nous ne nous connaissions pas et maintenant, — sympathie de caractères, facilités des relations en voyage, besoin pour les Français de se resserrer quand ils sont loin de chez eux, — nous ne pouvons pas nous quitter ! Il semble que nous soyons de vieux amis et nous nous tutoyons comme des camarades de collège.

Aussi ce premier départ nous a-t-il attristés et nous avons résolu d'en consacrer le souvenir en nous faisant photographier, Lemarquier, Kauffmann, Maynard, Paillart et moi, en un groupe sympathique.

Nous exécutons notre projet chez Albert, notre photographe ordinaire, qui soit dit en passant, est bien un des hommes les plus complaisants que je connaisse.

Que de fois sommes-nous allés dans ce salon de la rue Al-Djazera dont madame Albert fait si gracieusement les honneurs, et qui est comme le rendez-vous des touristes, curieux ou apprentis photographes !

Que de fois nous avons feuilleté ces albums qui reproduisent toutes les vues, tous les types, tous les costumes de la Tunisie !

C'est lui qui a fourni à nos journaux de France et notamment à l'*Illustration* ces instantanés reproduisant les péripéties de la cavalcade et de la fantasia, ces immenses vues panoramiques qui représentent le nouveau port de Tunis ou la ville entière.

C'est chez lui que les amateurs, — qu'ils soient de vieux routiers ou des néophytes, — trouveront toutes les facilités pour le développement de leurs épreuves ou la réparation de leurs appareils.

Aussi en écrivant ces lignes que m'inspire la plus élémentaire gratitude, je suis heureux de rendre hommage au talent ainsi qu'à l'obligeance de l'artiste, certain de n'être désavoué par personne.

Notre groupe a failli manquer par l'absence de Maynard qui arrive après trois grands quarts d'heure de retard, essoufflé, suant, drapé dans sa redingote et dans son pantalon de cérémonie. Nous lui tombons dessus, lui reprochant son retard et sa toilette. Veut-il nous humilier nous autres qui sommes en costume de voyage ou de cheval?... Le malheureux se débat comme il peut sous le flot de nos imprécations et allègue pour sa défense qu'il est allé faire visite au Résident Général.

« — Mais enfin, lui dit Kauffmann, qu'est-ce qu'il t'a dit, le Résident? tu avais donc une mission secrète ou des notes diplomatiques très importantes à échanger, pour être resté aussi longtemps?

— Le Résident! balbutie le malheureux, mais je ne l'ai pas vu!

— Comment, mais alors qu'est-ce que tu as fait?

— Il y avait un monde fou, j'ai attendu dans son antichambre et, quand j'ai vu que le temps s'écoulait, je suis parti sans avoir été reçu.

— C'est pour un pareil résultat que tu nous as tous fait poser et pester! ...

Et les invectives — tout amicales — de recommencer de plus belle!

L'infortuné Maynard supporte héroïquement l'orage, qui ne l'émeut du reste que modérément, et se secoue après comme un chien mouillé.

Heureusement pour lui, un incident abrége la durée de l'orage. Une Juive vient se faire photographier dans son riche costume: veste brodée d'or et semée de fleurs, pantalon blanc bouffant, descendant jusqu'à la cheville, bas roses et mules de velours. Elle est assez jolie, bien que ses traits s'empâtent déjà. Une vieille duègue, l'accompagne, sa femme de chambre sans doute, — à moins que ce ne soit sa mère cumulant les deux rôles.

Pas du tout : Albert nous révèle que c'est simplement la revendeuse qui a loué et apporté ces luxueux habillements. Notre héroïne était arrivée vêtue à l'européenne et pose pour les Juives orientales dans ces riches atours, comme ses collègues, les Sarah Brown ou les Manon posent à Paris pour les Vénus ou les Cléopâtre, — dans des costumes singulièrement moins compliqués par exemple. Amère désillusion !

Cette après-midi, je suis retourné avec Toché à la poursuite du fils du caïd de Mateur, ce jeune homme qui faisait si bonne figure à la fantasia, dans son costume lilas tendre, avec son grand chapeau empanaché de plumes d'autruche. Il était réellement superbe et je comprends l'enthousiasme de Toché qui le portraicturait.

Aussi, quand au milieu d'une joyeuse partie quelconque, il se lève gravement en nous disant : « Messeigneurs, il faut que je vous quitte pour faire le portrait du fils du caïd de Mateur », on se tait, saisi d'un saint respect et nul n'ose insister pour retenir notre aimable compagnon.

Nous sommes plus heureux cette fois que lundi dernier : le fils du caïd de Mateur est chez lui ou plutôt chez son père. « Mais, dit le nègre portier, il fait la sieste ». — « Ne le dérangeons pas, dit le bon Toché, il ne faut jamais troubler le sommeil d'un Arabe ».

En attendant, nous employons notre temps de notre mieux ; Toché s'installe en pleine rue et dessine la porte de la maison, — le type de l'architecture tunisienne : cintrée en fer à cheval, s'appuyant sur deux colonnes, ornée de rangées symétriques de clous à têtes énormes, d'arabesques en fer forgé et d'un heurtoir massif. Je l'imite de mon mieux ; bientôt nous sommes entourés d'une foule de curieux, jusqu'à deux musiciens, — un clarinettiste et un tambourinaire, — qui viennent nous charmer de leurs accords monotones.

Ce dernier, sur ma requête, me confie même son instrument et me voilà, comme pour le chapeau chinois, apprenant à battre du tambour à la manière arabe, c'est-à-dire en frappant la peau du dessus et celle du dessous avec les longues baguettes recourbées. Il s'agit d'aller à contre-temps, ce n'est pas si facile qu'on croit : mon professeur m'initie aux secrets professionnels avec une gravité qui montre combien il est pénétré de son sacerdoce. Il me rappelle le tambourinaire de Daudet. Il est du reste fort content de moi, — surtout quand je lui donne quelques sous pour prix de sa complaisance et m'assure que j'irai loin en continuant mes leçons. Si je le désire, il se rendra à mon domicile sans augmentation de prix : j'ai beaucoup de peine à m'en dépêtrer et à lui faire comprendre que je n'ai pas le loisir de pousser plus loin mes études musicales. C'est curieux comme j'ai des dispositions pour les instruments baroques, le chapeau chinois, le tambour arabe, ou les castagnettes espagnoles, moi qui, comme violoniste, n'ai pas pu aller plus loin que le *Clair de la Lune* !

Cependant on vient nous prévenir que le fils du caïd de Mateur est réveillé. Toché laisse là sa porte, et moi, mon professeur de tambour ; nous entrons dans la cour où se tient le jeune homme. Il n'a plus son superbe costume de fantasia : mais que cette longue gandourah bleu pâle, ces babouches jaunes citron et ce fez rouge à gros gland lui vont bien ! Comme il est autrement intéressant pour un artiste de faire un semblable portrait que ceux de nos élégants, vêtus de leurs complets étriqués, le monocle dans l'œil !

Et l'encadrement donc ! Une cour pavée entourée d'écuries où piaffent de magnifiques chevaux arabes. Il y a là, pêle-mêle avec eux des mules couchées paresseusement, des poules qui picorent, des chats étendus au soleil, une demi-douzaine de *sloughis* (lévriers arabes) enchaînés ; un superbe cerf partage même la litière des chevaux et de temps en temps, embrasse tendrement la mule sa voisine. Il est apprivoisé et fait notre désespoir. Il rôde sans cesse autour de nous, vient nous flairer, lécher nos vêtements ou appuyer son museau sur nos épaules comme pour examiner notre travail. Il boit sans façon l'eau dans laquelle trempent les pinceaux et pousse même plus loin l'outrecuidance de ses privautés intimes. On le chasse d'un côté, le maudit animal revient de l'autre sans plus d'effroi de nos rebuffades que des hurlements des sloughis qui aboient à se rompre la gueule, quand il passe près d'eux.

On nous donne l'illusion — en petit — d'une chasse au cerf. On lâche dans la cour, les sloughis qui bondissent, éclatent en aboiements furieux, poursuivent l'animal ; mais il ne s'intimide nullement, tient tête aux chiens, et, par quelques coups de cornes vigoureusement détachés, les fait rentrer dans le devoir quand ils s'approchent de trop près et le harcèlent au delà des limites permises.

Le fils du caïd parle un peu le français qu'il comprend à demi. Il nous présente à son père qui est entouré de clients, — je prends le terme dans son sens romain, — et nous reçoit fort gracieusement. Nous lui remettons nos cartes : les Arabes en sont grands collectionneurs et les conservent soigneusement pour les montrer ensuite à leurs visiteurs.

Nous prenons congé : Toché me ramène chez moi. Là, séduit par le type et le costume du jeune cocher de Béchir-ben-Béchir, il en commence une aquarelle. Nous avons bientôt tous les enfants autour de nous : Belgassim l'aîné, Hassouna câlin et caressant, le petit Mimoun, Khira, si gentille avec ses grands yeux noirs étonnés, sa bouche vermeille comme une cerise, joliment habillée d'une chemisette jaune clair, Cheriffa, l'espiègle qui rit toujours en montrant ses dents blanches, et tous les domestiques mâles ou femelles, Mohammed, Sadok, Ferjanni, Ammor, Fathma la négresse, — sculpturale sous sa simple chemise serrée aux hanches par un pagne multicolore, — jusqu'à Rebchaa, une pauvre vieille qui n'ose à peine se montrer. Sans compter une foule de petits négrillons, nus comme des vers et laids comme des singes, grouillant autour de nous, mêlés aux autres enfants, mais déjà en butte à leurs bourrades. Ils les supportent avec une résignation servile comme s'ils comprenaient déjà qu'ils sont d'une race inférieure et maudite.

Cette assistance gêne quelque peu notre artiste, c'est à qui l'entourera pour admirer son œuvre, on le heurte, on dérange le modèle qui pose impassible, son fouet à la main. Je me charge de la police et j'ai fort à faire : c'est en vain que je bêle des « *Baalek* » (*détourne-toi*) incessants, ou que je lance des « *Barka* » (*assez*) énergiques, j'arrive difficilement à maintenir le bon ordre, même avec l'aide de notre cocher maltais, qui, descendu de son siège, fume philosophiquement sa pipe en attendant la reprise de ses fonctions.

Tout à coup j'ai une idée lumineuse, si j'amusais tous ces gens-là avec les ombres chinoises qui m'ont si bien réussi à Bizerte ? Et me voilà recommençant mes images sur le mur : combats de chiens, lapins battant du tambour, cygnes glissant sur l'eau les ailes au vent, chats se pourléchant, chèvres barbues, toute une ménagerie improvisée défile sous les yeux émerveillés des spectateurs. Les enfants battent des mains, les négresses gloussent de joie, et pendant ce temps Toché, tranquille, produit quelque chef-d'œuvre. Ce qui prouve que les ombres chinoises peuvent servir au grand Art.

Fatigué de ma journée, j'étais rentré me coucher de bonne heure, — ce qui ne m'arrive pas souvent — et je dormais comme un bienheureux quand, vers minuit, je suis encore réveillé par les mêmes chants monotones et lugubres qui m'avaient si péniblement impressionné ces jours derniers : mais cette fois édifié sur leur provenance, je me rendormis paisiblement.

Vers cinq heures du matin, j'étais au travail quand Léon vint me prévenir que son maître serait très honoré si je voulais bien prendre mon chocolat avec lui dans le salon. Je le trouvai entouré de quatre ou cinq Juives qui avaient charmé sa nuit et gâté la mienne. Elles chantaient en jouant du piano : toujours les deux mêmes notes, haute et basse, accompagnant leurs plaintives mélopées d'amour.

C'étaient les sœurs S... bien connues à Tunis où elles jouissent même d'une certaine réputation comme chanteuses, danseuses... et cœtera. On les fait souvent venir dans les maisons opulentes afin de donner des représentations, absolument comme dans nos salons parisiens, on produit des dames de ballet pour exécuter un pas gracieux ou une divette de café-concert pour lancer le couplet à la mode.

Elles portaient le costume traditionnel des Juives, mais fort beau : le *takrita*, foulard de soie rayé noué sur leurs épaisses chevelures noires, la chemisette flottante s'arrêtant aux hanches, des caleçons brodés serrés aux genoux par de riches jarretières, des mules aux capricieuses arabesques. Toutes ces couleurs variées et chatoyantes, rose vif, jaune orange, vert émeraude, bleu pâle, lilas tendre, formaient comme un arc-en-ciel vivant du plus charmant effet.

Leurs figures étaient vulgaires, j'en ai vu cent plus jolies à la Goulette ou à la Hara, le quartier juif de Tunis. Bien que jeunes encore, leurs traits commençaient à se faner : conséquence fatale de leur âge et de leur métier. Terrible pays pour la femme que cet Orient ! La beauté, plus éphémère encore que dans les autres contrées, y passe comme un rêve : la femme est déjà vieille à vingt ans et décrépite à trente. Vingt ans, l'âge où chez nous la jeune fille est dans tout l'éclat de sa jeunesse ; trente ans, celui où la femme resplendit dans le complet épanouissement de sa beauté !

Seule, la plus jeune, qui avait douze à treize ans, sans être jolie, offrait un type original avec sa figure d'une pâleur mate, encadrée de cheveux noirs, tatouée de lunes, d'étoiles, de croix bleues : signes cabalistiques qui font aussi l'office de ces mouches assassines dont nos élégantes au XVIIIe siècle rehaussaient la blancheur de leurs gorges ou de leurs visages.

Elles étaient du reste fatiguées de leur nuit blanche et plus que lasses : deux d'entre elles dormaient sur des canapés d'un sommeil de plomb, les autres ne tardèrent pas à aller les rejoindre, quand elles nous virent en grande occupation, mon hôte et moi.

Il me montrait ses titres honorifiques, les certificats flatteurs qu'il avait reçus des généraux français au moment de l'expédition, les lettres de remerciements de la Compagnie Bône-Guelma à qui il a abandonné gratuitement le terrain nécessaire pour la construction de la ligne sur ses propriétés qu'elle traverse. Quatre-vingts kilomètres, c'est gentil ! Aussi par reconnaissance a-t-on donné le nom de Béchir à l'une des stations.

Il me montrait tout, le bon Béchir, même les nombreuses cartes de visite qu'il reçoit et qu'il garde précieusement comme tous les Arabes. Je retrouvai là, dans un curieux pêle-mêle, les noms les plus glorieux et les plus obscurs, les cartes de modestes huissiers ou d'humbles chefs de gare et celles des premières illustrations de l'armée ou de la diplomatie, jusqu'à la carte du général Boulanger portant l'inévitable phrase manuscrite « *avec tous ses remerciements et ses meilleurs compliments* ». Que j'en ai vu de ces cartons du trop fameux général, toujours avec la même suscription, — autographes précieux de quelque infime secrétaire !

Quand ces graves affaires furent finies, je pris congé de mon hôte et en traversant le salon je retrouvai les Juives caquetant à qui mieux mieux, pelotonnées sur le même canapé comme une nichée d'hirondelles frileuses. Elles s'étaient augmentées d'une énorme et vénérable dame, leur mère, qui venait les rechercher. Des jeunes filles, songez donc ! on ne peut pas les laisser courir seules les rues, exposées aux galanteries du premier venu, à sept heures du matin, — presque la nuit !

Une vraie tête de Madame Cardinal, la maman ! Mais une Madame Cardinal en costume tunisien : un cornet doré sur la tête, une veste jaune, sans corset — hélas ! — pour arrêter des débordements inquiétants, des caleçons brodés moulant des formes plus qu'opulentes. Vous voyez ça d'ici.

Du reste ces demoiselles l'entouraient d'une déférence parfaite et d'un respect non dissimulé. On eut dit des petites filles bien sages que leur maman venait rechercher chez quelque amie après un innocent goûter. Cependant celle-ci, calme et digne, semblait sentir la responsabilité de sa mission et la difficulté de conduire à bien ce troupeau capricieux, sans le laisser s'égarer dans les sentiers coupables d'improductives amours !

O Madame Cardinal ! comme ton portrait consacré par la plume fantaisiste de notre spirituel Halevy est fidèle et ressemblant ! Que tu sois en jupon, que tu sois en caleçon, comme tu es bien partout la même !

CHAPITRE XII

Le marché de Tunis. — Ses marchands, son public. — Les petits hammals. — Une pointe de mélancolie. — L'établissement des petites sœurs des pauvres. — La porte et le quartier Bab-el-Fellah. — Les muezzins.

Samedi 3 juin. — La raison propose et le caprice dispose : je voulais ce matin aller à la cathédrale, qui du reste n'a rien de curieux, et je me suis égaré au Marché français. Très bien compris, ce marché : une ceinture de murailles blanches formant terrasse, couronnées de créneaux pointus, — un rappel de l'architecture assyrienne — égayées par des peintures bleu céleste. Il ressemble à un immense fondouk avec ses galeries circulaires entourant une vaste cour dans laquelle se trouve un bâtiment spécialement affecté à la poissonnerie. Les petites boutiques municipales sont propres et bien tenues. L'appétissant spectacle ! A tenter Zola et à ravir l'âme d'un Gargentua !

Ici un boucher français, haut en couleur, ventru, apoplectique, se tient sur le seuil de sa boutique où s'étalent d'énormes quartiers de bœufs, de langoureuses têtes de veau, des kyrielles de gigots dans leurs blanches corolles de papier festonné.

A côté, un maraîcher tunisien au milieu de montagnes

d'artichauts épineux, de tomates rubicondes, de navets aux tons d'amethystes, de chapelets de piments semblables à des coraux.

Et les fruiteries, quel ravissement pour l'œil et quelle palette rendra ces amoncellements d'oranges dorées, d'amandes vertes, d'abricots vermeils, de dattes, de bananes, de pastèques, de pêches, de raisins ?

Plus loin un épicier italien, au teint olivâtre, les moustaches cirées, très galant avec ses pratiques, — surtout quand elles sont jolies, — débite tous les produits de son pays depuis le traditionnel macaroni jusqu'à la mortadelle de Bologne.

Des campagnards avec leurs grands chapeaux de paille amènent leurs bourricots chargés de longues cages à clairevoie par les barreaux lesquels d'infortunés poulets passent leur tête inquiète en poussant des clameurs à fendre l'âme.

Des poissonniers maltais ou bizertins vous proposent les dorades énormes, les loups de mer, — le régal des gourmets, — les murènes visqueuses, les sardines argentées, les crevettes géantes, et la série des crustacés et des coquillages.

Et un public si amusant et si varié ! Des négresses en pagnes multicolores, — des petites bourgeoises en toilettes claires, — de vieux rentiers faisant eux-mêmes leur marché, — des zouaves en vêtements de toile grise, la chechia crânement campée sur l'oreille, emplissant jusqu'aux bords les immenses couffins de l'escouade, — de provocantes soubrettes italiennes ou maltaises, — de langoureuses Levantines, — de pimpants officiers pincés dans leurs dolmans et coulant aux femmes des œillades assassines.

J'ai même rencontré deux petites sœurs des pauvres quêtant deci delà un navet, une carotte ou un artichaut, avec une patience évangélique. Dignes et saintes filles dont je ne puis voir l'humble costume sans un profond sentiment de respect et d'admiration ! J'ai joint mon obole aux dons en nature que ne leur refuse aucun marchand et je leur ai promis sur leurs instances d'aller visiter leur établissement.

Des nuées de petits *bammals* : ce sont des gamins arabes principalement vêtus, — outre quelques loques, — d'immenses couffins d'alfa dont les courroies se fixent à leurs tempes. Ils se tiennent aux alentours du marché, assis sur le trottoir, fixant attentivement les passants. Faites un geste, les voilà qui accourent comme une volée de moineaux et se disputent votre pratique jusqu'à ce que votre choix se soit fixé sur l'un d'eux. L'heureux élu emboîte le pas derrière vous, reçoit sans sourciller dans les flancs insondables de son couffin, les marchandises qu'il vous plaît d'acheter et les rapporte à votre maison pour un ou deux sous. Ce lui suffira pour vivre toute la journée et il dormira ensuite comme un bienheureux sous la voûte étoilée des cieux, roulé dans quelque mauvais cafetan. Le *bammal*, c'est l'hercule en graine et le porte-faix de l'avenir.

J'ai passé ma matinée à baguenauder ainsi, échangeant une conversation, assistant à un marchandage, croquant des types. J'ai même provoqué au marché au poisson un rassemblement : je dessinais la boutique d'un Maltais et il n'avait pas été peu fier de ma préférence, quand il se forma autour de moi un tel cercle de curieux, que bientôt il fut impossible d'arriver à son étal. Il n'avait pas prévu ce résultat et, l'intérêt l'emportant à bon droit sur la gloriole, il se plaignit à un préposé du marché. Très poliment, celui-ci m'invita à circuler et à porter ailleurs mes talents artistiques.

Dimanche 4 juin. — Pour la première fois je déjeune seul aujourd'hui au restaurant Angelvin. Maynard, maintenant en France, file à toute vapeur sur Paris avec Lemarquier ; Kauffmann s'en va demain et fait une promenade dans les environs ; Toché excursionne avec le joyeux commandant Ney. La foule, qui la semaine précédente encombrait le café et obstruait la rue, s'est dispersée dans toutes les directions. Tunis a repris son aspect ordinaire et, comme il fait une température torride, il n'y a plus dans les rues, selon l'expression arabe, que des chiens et des Roumis.

Un sentiment de mélancolie me prend et c'est en vain que ce brave père Angelvin essaie de me distraire, je manque d'entrain. Où aller par ce soleil ? Je rentre à deux heures faire la sieste sur mon canapé. Hassouna vient de temps à autre passer sa tête rieuse à travers la porte ; je lui donne quelques bonbons, je lui montre des images : il est maintenant tout à fait apprivoisé et nous sommes une paire d'amis. Il a, à peu près la même taille et le même âge que mes enfants et me rappelle plus ou moins Maurice ou Ernest, lorsqu'ils étaient coiffés des tarbouchs que je leur avais rapportés de Tripoli.

Ces souvenirs augmentent en moi la tristesse qui à certains moments s'empare des voyageurs et à laquelle aucun n'échappe guère.

Au dehors le soleil resplendit cependant, mais le vent souffle très fort avec une plainte lugubre : les bruits familiers de la maison — batailles d'enfants, pleurs de Minoun, fusées de rire de Chériffa, caquetages joyeux — montent jusqu'à moi, éveillant encore davantage le souvenir du foyer.

Vers cinq heures et demie, je secoue ma torpeur et je me décide à tenir la promesse que j'ai faite aux petites sœurs de visiter leur établissement. Il n'est pas éloigné : il n'y a qu'à traverser la place du marché aux chevaux et à sortir par la porte Bab-el-Gorjani, à côté de la caserne des zouaves, qu'on appelle la caserne du Premier Tunisien en souvenir du régiment beylical qui l'occupait autrefois. On longe ensuite le mur d'enceinte en suivant un chemin tortueux, inégal, grimpant ou dégringolant le long des flancs d'une colline pelée, et au bout de dix à quinze minutes, on est arrivé.

L'établissement n'a du reste rien de remarquable : c'est une maison blanche avec terrasse, haute de deux ou trois étages, percée d'innombrables et larges fenêtres, ce qui la distingue complètement des habitations tunisiennes. Partout dans les réfectoires, les dortoirs, les salles de repos ou de travail, je retrouve cette propreté méticuleuse, le seul luxe du pauvre.

De la terrasse on embrasse toute la ville ainsi que la rade où plusieurs steamers dorment sur leurs ancres.

Je ne quitte qu'à sept heures cette hospitalière demeure

et m'en retourne par une route plantée d'épais cactus jusqu'à Bab-el-Fellah : une porte assez peu fréquentée, mais fort pittoresque, dominée par un immense palmier qui s'élève comme un énorme panache verdoyant au-dessus de ses murailles croulantes. Je m'égare dans un labyrinthe de petites rues étroites, tortueuses, suffisamment sales et bordées de maisons basses. Les Arabes se tiennent accroupis devant leurs portes, fumant avec cette gravité silencieuse dont ils ne se départissent jamais.

La nuit est venue : on entend déjà les muezzins appeler du haut des minarets les fidèles à la prière du soir. Les notes graves et prolongées de leurs voix, qui se répondent d'une mosquée à l'autre, produisent dans la nuit un effet étange et semblent de mystérieux avertissements du ciel.

CHAPITRE XIII

Flânerie dans les rues de Tunis. — La rue des Teinturiers et la fontaine Souk-el-Bélat. — La place Bab-Souika. — Négresse furieuse et agent de police pudibond. — Cérémonies du mariage arabe : la promenade du mobilier. — Un cortège de noires dévotes. — Boutiques arabes : le barbier, l'épicier, le boucher, le cafedji.

Lundi 5 juin. — Je me suis déguisé aujourd'hui en homme qui fait des visites, c'est-à-dire que j'ai endossé ma redingote et coiffé mon gibus : cela n'a l'air de rien, mais on ne saurait croire combien il est dur de parcourir dans un accoutrement pareil les avenues de France ou de la Marine brûlées par le soleil ! Aussi, est-ce avec une satisfaction non dissimulée que je quitte ce harnois officiel pour reprendre mon veston de voyage..... et ma liberté.

Il n'y a rien que j'adore comme de flâner sans but, d'errer à l'aventure sans avoir à me dire, la montre et le guide à la main : « Diable ! dépêchons-nous ! J'ai encore deux palais, trois mosquées et je ne sais combien de monuments à voir. Ce que je regarde actuellement est superbe, mais il ne me reste que cinq minutes d'admiration à dépenser ici avant de courir ailleurs. » Dieu sait si toutes ces rues arabes révèlent des surprises ! Parfois même les curiosités signalées par les livres ne vous émerveillent que relativement, elles sont tellement surfaites que l'on éprouve une légère désillusion : je préfère les choses ignorées qu'on découvre fortuitement, les incidents de la rue auxquels on est mêlé malgré soi. Et à Tunis, il faudrait s'arrêter à chaque pas. Ici, c'est une arcade légère qui traverse la rue, couverte d'herbes folles, de frondaisons pendant gracieusement ; ailleurs une voûte obscure, une colonne romaine, un chapiteau qu'on a encastré à l'angle d'un mur. Tantôt une koubba arrondit son dôme au milieu des terrasses, tantôt un minaret s'élance dans les airs, svelte et léger. Plus loin une fontaine fait entendre son murmure rafraîchissant (1) au fond d'un crypte sombre ; une vigne grimpe le long d'une muraille, un figuier au tronc tordu s'élève au milieu d'une petite place, ombrageant quelque banc de pierre où viennent deviser les oisifs du voisinage.

Comme elles sont jolies ces maisons blanches, caressées par le soleil, avec leurs élégants moucharabiés verts, leurs portes en fer à cheval aux élégantes arabesques, peinturlurées de rouge, de vert ou de bleu, leurs rares fenêtres dont les grillages en fer forgé s'arrondissent dans le bas, larges et pansus.

Et, pour animer ce décor, une foule bariolée où toutes les classes, toutes les races, tous les costumes se mêlent et se confondent.

(1) Mon adjectif paraitra peut-être quelque peu osé : il est cependant d'une exactitude absolue. Il faut avoir été en Orient pour connaitre la valeur de l'eau et apprécier le gazouillement d'une source.

Il y a là des orgies de couleurs très douces ou très violentes qui sous ce prestidigieux soleil d'Afrique, se fondent en une gamme toujours chatoyante et harmonieuse.

Dans la rue des Teinturiers dont j'admire la mosquée et son élégant minaret rouge et blanc, je coudoie à chaque instant des ouvriers qui ont des bras invraisemblables, roses, bleus, verts, — enseignes vivantes de leur profession.

Je m'arrête longtemps près de cette fontaine de la rue Souk-el-Bélat si gracieuse avec ses colonnes enluminées de rouge et de vert et son toit en tuiles de Nabeul dont le vernis émeraude étincelle au soleil. Les fillettes et les bambins du voisinage viennent chercher de l'eau dans tous les récipients possibles, — cruches, écuelles, gargoulettes, — tandis que le marchand d'eau ambulant emplit son outre faite d'une peau de chèvre encore garnie de poils. A mesure que l'outre s'emplit, l'animal reprend sa forme, il semble qu'il palpite encore et que l'homme porte sur son dos quelque bête vivante.

Je m'assieds sur un banc de pierre : quelques minutes se sont à peine écoulées qu'un jeune garçon m'apporte silencieusement un kaoua brûlant dans une espèce de coquetier. Je suis sans m'en douter à la *terrasse* d'un café maure. Quand j'eus fini ma tasse, je remis non moins silencieusement deux sous — le double du tarif — au Ganymede indigène : il disparut et je partis : nous n'avions pas échangé deux paroles.

De la rue Souk-el-Bélat, j'arrive par une série de rues

et de ruelles jusqu'à la place Bab-Souika à l'entrecroisement des rues Tabanine et Halfaouine. Elle est petite, mais très vivante. Au milieu, des marchands de pain assis par terre offrent leurs galettes plates, s'étageant en piles sur le sol : j'essaie de photographier l'un d'eux, mais il s'y refuse obstinément. J'ai encore moins de succès avec une négresse hideuse qui m'accable d'injures, fort pimentées, paraît-il. La foule éclate de rire et comme je demande à un agent de police tunisien ce qu'elle dit, il me répond en rougissant : « Sidi, l'honnêteté m'empêche, c'est trop vilain ! »

Touchante pudibonderie de l'autorité municipale !

Je me venge du reste de mon antagoniste femelle en braquant obstinément mon appareil sur elle ; elle pousse des cris affreux, ne sait où se cacher et manque de s'évanouir tandis que les rieurs se mettent de mon côté.

Soudain débouche un cortège des plus singuliers : en tête, une douzaine de grands gaillards marchant à peu près en rang, quatre par quatre, chantant à tue-tête et battant des mains. Derrière, plusieurs mules montées par des enfants qui tiennent des nattes, des coussins, des oreillers ; et pour fermer la marche, deux ou trois malheureux bourricots sur le dos desquels sont posés à même des armoires, des commodes que des Arabes soutiennent de chaque côté. C'est une des cérémonies nuptiales : on promène triomphalement les meubles dans la rue pour les exposer à l'admiration des passants et l'on visite les amis.

De temps en temps, un arrêt : les chanteurs forment

le cercle, s'inclinent presque jusqu'à terre en étendant leurs bras et en hurlant plus fort le nom d'Allah, puis ils se remettent en route et reprennent leurs psalmodies et leurs battements de main.

Le cortège disparaît peu à peu au milieu de la foule grouillante et dans l'éloignement, je n'aperçois plus que les meubles : ils se balançent de droite et de gauche au gré de la marche des bêtes de somme et, dans cette houle humaine, ressemblent à des épaves.

Cette exhibition matrimoniale se retrouve chez plusieurs peuples d'Orient. Je me souviens de l'avoir vue en Egypte, plus curieuse encore : des timbaliers grimpés sur des chameaux précédaient les mariés et le mobilier. Du reste, comme me l'apprend l'agent de police pudibond, avec un sourire dédaigneux, c'est une noce de *petites gens*. Pour les mariages cossus, il y a outre les chanteurs, un orchestre de joueurs de flûte, de derbouka, de guitare, des chevaux richement caparaçonnés, des meubles luxueux, tandis que ceux-ci ne sont qu'en bois blanc plaqués d'acajou et encore n'est-il pas bien sûr qu'ils appartiennent aux époux en toute propriété. Ils ont peut-être été loués pour la circonstance afin d'éblouir le public et de prouver que les parents des mariés ont bien fait les choses. Demain ils retourneront chez le menuisier ébéniste qui tire de cette location un excellent profit.

Ce cortège avait à peine disparu qu'en voici un autre bien autrement bizarre qui débouche d'une ruelle : une bande de négresses entoure un homme portant un turban vert. Elles sont toutes plus laides, plus vieilles, plus decrépites les unes que les autres : des fronts absolument fuyants, des lèvres épaisses recourbées en revers de pots de chambre, des pommettes saillantes, un air absolument bestial : je n'ai jamais vu pareille collection de hideurs. Leur type ressemble à celui des dorades et notre spirituel dessinateur Grandville, qui savait si bien animaliser les gens et humaniser les bêtes, n'aurait pas manqué, en quelques coups de crayon, de saisir ce rapprochement.

Elles étaient tellement affreuses que je m'écartai avec un sentiment de dégoût qui devint presque de l'effroi, quand je les vis se précipiter sur leur cornac, l'empoigner à bras le corps et l'embrasser goulûment ; le pauvre diable se débattait de son mieux et essayait mais en vain de se soustraire à ces horribles caresses.

Je les prenais pour des aliénées ou tout au moins des hystériques et je plaignais sincèrement ce malheureux livré sans défense à ces Furies amoureuses. On m'expliqua que c'étaient simplement de pieuses personnes accompagnant un derviche partant pour La Mecque. Elles lui faisaient un bout de conduite jusqu'à la mosquée voisine et se recommandaient à ses prières en le mangeant de baisers.

Du reste si elles n'étaient pas folles, elles n'en valaient guère mieux : presque toutes ces Soudaniennes présentent un cas médical particulier. Elles sont tellement névrosées que le moindre mouvement brusque les fait sauter en l'air. Il suffit de les regarder fixement pour qu'elles soient comme hypnotisées et répètent inconsciemment vos gestes. Les gamins de Tunis, qui sont aussi espiègles que ceux de Paris, s'amusent, quand ils rencontrent une négresse portant un objet quelconque, à ouvrir les mains. La malheureuse obéissant aussitôt à cette mimique laisse tomber son fardeau que ce soit un pain, un plat de couscoussou ou quelque assiette fragile.

Plus ou moins rassuré, j'ai suivi ce cortège d'amoureuses dévotes. Il y en avait un vrai troupeau, de ces négresses plus ou moins âgées, jusqu'à de toutes vieilles ratatinées, décrépites qui suivaient péniblement, clopin-clopant, traînant la jambe, appuyées sur des bâtons : de vraies sorcières. De temps en temps elles poussaient une sourde clameur. Ce n'était pas le you-you de la femme arabe, mais une espèce de gloussement qui ressemblait absolument à celui des poules.

La bande hideuse s'engouffra dans des ruelles si étroites et si malpropres que je ne me souciai pas d'aller plus loin.

Je reviens enfin à la rue Halfaouine : elle est pleine de boutiques indigènes où dominent les barbiers, les épiciers, les bouchers et les cafetiers.

Le barbier arabe joue un rôle considérable dans la vie orientale : non seulement comme son collègue d'Europe il fait la barbe et taille ou plutôt rase les cheveux, mais le plus souvent il remplit encore les professions les plus variées. Il est dentiste et pédicure, il vous extirpe une dent ou un cor à votre choix, saigne, pose des sangsues ou des ventouses, et, à ces métiers d'ordre inférieur, ajoute encore d'ordinaire la fonction délicate et lucrative de circonciseur.

Sa boutique consiste en un simple corridor, un étroit boyau éclairé par la porte, garni de bancs en paille où les clients viennent s'asseoir en attendant patiemment leur tour. Elle est, bien entendu, comme les établissements de nos artistes capillaires, le rendez-vous des oisifs et l'officine des commérages.

La boutique de l'épicier n'est pas plus grande, mais elle est encore plus encombrée et enguirlandée de plantes médicinales, — car l'épicier est vaguement herboriste, — de chapelets d'oignons, de cierges, de jouets, de cornets d'épices, de friandises variées. Véritable Capharnaüm où dans un fouillis inextricable se confondent les choses les plus disparates, fort étonnées de se rencontrer là. Le marchand se tient gravement assis sur le plancher qui, selon la mode des boutiques tunisiennes, est au moins à un mètre du sol : au-dessus de sa tête pend la cordelette à laquelle il s'accroche pour descendre dans la rue. A peine a-t-il la place nécessaire pour se mouvoir, mais il n'en a pas besoin car il ne se dérange que dans les grandes circonstances : il lui suffit d'étendre la main pour vous servir quelqu'une de ses innombrables marchandises. Le reste du temps, il se contente de fumer majestueusement et d'éloigner avec son chasse-mouche les innombrables diptères qui viennent s'abattre sur les sucreries.

Rien de moins appétissant que les boucheries arabes : nous sommes loin des boucheries parisiennes où la viande, bien parée, rose et blanche, flatte l'œil et émoustille l'appétit : des amas de viandes sanguinolentes ou jaunâtres pendues à des crocs, des tripes visqueuses sur l'étal, dans un coin, entassées pêle-mêle des têtes de moutons ou de chèvres que le marchand dépèce à grands coups de hache pour détailler au client ; et pour augmenter le naturalisme du tableau, des milliers et des milliers de mouches grouillant, bourdonnant sur ces viandes que la chaleur corrompt en quelques heures.

Les cafés maures sont innombrables à Tunis. La plupart de leurs installations coûtent peu : un trou de deux mètres cubes où le cafedji installe ses fourneaux et au dehors quelques mauvaises chaises en paille ou des nattes sur lesquelles les clients s'accroupissent. Le prix du reste est à la portée des plus pauvres bourses. Pour un sou, on peut rester là des heures entières et on a droit à une tasse de café et à un verre d'eau. Si j'ajoute que l'eau est toujours extrêmement fraiche et que le café, fort bien préparé, ne ressemble en rien à ces décoctions aquatiques qu'on nous débite à Paris sous le nom de *mazagrans,* on conviendra qu'il n'en coûte pas cher à l'Arabe pour satisfaire sa passion favorite. Quant à l'invention ridicule du pourboire, elle est ici religieusement inconnue.

Je retrouve dans la rue Halfaouine la pharmacie indigène du docteur Kaddour. Le docteur Kaddour est un Algérien, fixé depuis longtemps à Tunis, dont il a conservé les mœurs et le costume, encore qu'il ait fait toutes ses études médicales en France et qu'il parle admirablement notre langue. Il est le médecin en chef de l'hôpital musulman. J'avais eu l'honneur de lui être présenté par Monsieur D... lors de mon premier voyage : je l'ai reconnu sans peine : toujours la même figure souriante, aimable, intelligente : les années ne l'ont pas changé, argentant légèrement sa barbe brune. Il me reçoit fort gracieusement et en voyant que je m'intéresse à cette vie tunisienne si curieuse à étudier de près, il me fait promettre de visiter l'hôpital qu'il dirige.

J'arrive enfin à la place Halfaouine. Je m'y rends comme à un pieux pèlerinage pour revoir l'endroit où avec Monsieur D... nous venions savourer un moka parfumé et nous reposer des fatigues de la journée. Elle est remplie de flâneurs, mais je n'ai pas le temps de m'y arrêter : j'y reviendrai et la décrirai une autre fois, car elle en vaut la peine.

Je redescends la rue Halfaouine dans le fond de laquelle m'apparaît la grande mosquée de la rue Sidi Mahrès. Sa toiture s'étage en sept coupoles dont la blancheur s'enlève vigoureusement sur l'azur du ciel. C'est la plus vaste de Tunis et à l'intérieur, une des plus belles, dit-on. Mais, hélas ! comme pour toutes les mosquées de la ville, l'infidèle ne peut y pénétrer et doit se contenter d'admirer de loin.

CHAPITRE XIV

Un zouave prévoyant. — Promenade à Hammam-lif. — Une charmante ville..... en perspective. — Le vieux Hammam-lif. -- Son fondouk. — Propriété de ses eaux thermales. — L'usine de chaux hydraulique du Bou-Kornine. — Le domaine de M. Crété. — La pépinière, les caves, vins et production. — L'origine de Crétéville.

Mardi 6 juin. — Je me trouvais ce matin chez Albert le photographe quand un sergent de zouaves est venu se faire photographier, — *se faire retirer*, comme il disait.

Un superbe gaillard, orné d'une barbe magnifique. Mais il est légèrement *ému*, le brave garçon : et cela se comprend, il a fini son congé et il a arrosé sa libération de nombreux petits verres. Aussi bredouille-t-il quelque peu.

Comme on lui demande quelle pose il désire, en pied, en buste, de face ou de profil.

« — Moi, répond-il, ça m'est égal, pourvu qu'on voie ma barbe. Ma pauvre barbe, ajoute-t-il, avec un attendrissement comique et en la caressant doucement, c'est-y pas un meurtre d'être obligé de la raser ! Je me fais gendarme et il faut la tailler à l'ordonnance. Mais avant de la sacrifier sur l'autel de la gendarmerie, je veux en conserver le souvenir à mes enfants.

— Vos enfants? Combien en avez-vous donc? demandai-je.

— Moi? Je n'en ai pas du tout, répondit-il étonné, mais comme je me marierai sans doute un jour ou l'autre, et qu'il m'arrivera sûrement plus de descendants que de milliers de francs de rente, je ne serais pas fâché de leur laisser l'image de la barbe de leur père. »

J'admire la précaution de ce brave troupier, et après lui avoir souhaité toutes les prospérités possibles, je vais à la gare de la Cie Bône-Guelma prendre le train qui doit me conduire à Hammam-lif.

Hammam-lif est une plage ravissante à quelques lieues de Tunis: sable fin et moelleux, casino superbe, rues droites, places spacieuses, hôtels et villas confortables, rien n'y manque... sur le papier. Car, hélas! tout n'est encore qu'à l'état de projet. Le terrain appartient à la Banque tunisienne et le plan qu'on m'a montré de la ville future est superbe, mais c'est un simple plan. En fait de constructions, il n'y a qu'un baraquement en planches pour les baigneurs et un restaurant à peu près en plein vent.

Que faudrait-il cependant pour en faire une station aussi fréquentée que la Marsa, le Kram ou Kérédine...? Simplement que la vogue s'y mît et que la Compagnie du chemin de fer facilitât les communications qui ne sont pas commodes.

Le vieux Hamman-lif se compose d'un château qui, comme les trois quarts des palais beylicaux, est abandonné et menace ruine. A côté, l'établissement de bains et un grand fondouk où, dans des sortes de caves ou de celliers, s'entassent les familles musulmanes et surtout israélites. En ce moment, il n'y a pas foule : je vois seulement dans la cour quelques juives préparant leur repas en plein air : elles roulent entre leurs doigts un espèce de macaroni très fin et pétrissent la pâte dans des terrines. La préparation n'a rien d'appétissant : des enfants nus se traînent à côté, jouant avec de petits chats, et des volailles étiques s'efforcent d'attraper quelques bribes échappées aux mains parcimonieuses des ménagères.

L'établissement thermal est dans un état de délabrement sans pareil : il n'y a que deux piscines, petites et assez mal entretenues : partout les voûtes, les murailles se lézardent ou s'effritent. On se demande comment il peut y avoir des êtres assez courageux pour loger dans ces ruines.

Les eaux dont la température varie entre 46° et 49° sont considérées comme très efficaces contre les affections nerveuses, articulaires, les rhumatismes et les maladies sèches de la peau. Prises en boisson, elles sont légèrement purgatives.

Afin d'employer mon temps avant mon départ pour Crétéville, je visite une usine de chaux hydraulique appartenant à MM. Chaffar, Bianchi et Canton.

Elle est située au pied du Bou-Kornine dont le terrain jurassique fournit un calcaire tracilicaire noir. Cette chaux éminemment hydraulique est employée pour les constructions et surtout comme béton dans les terrains humides.

L'usine est montée dans le même genre que celle de M. Pavin de Lafarge, près de Valence : elle emploie une vingtaine d'ouvriers siciliens ou nègres. On se sert de la mine pour faire sauter les blocs de pierre énormes, qui sont ensuite cassés à coups de pics et conduits par des wagonnets Decauville jusqu'aux ouvertures des fours chauffés à 1800°. La pierre s'y consume pendant trois jours, puis elle arrive dans les magasins d'extinction où on la mouille et où elle se refroidit. On la passe ensuite au blutoir, il en sort d'une part la chaux impalpable qui sert pour le béton, et de l'autre le *grapier*, employé comme ciment.

L'usine qui produit environ quatre cents sacs par jour est appelée à prendre plus de développements.

A quatre heures je monte dans la voiture de M. Crété, et en route pour Crétéville ! Nous sommes dans le Mornag, une immense plaine plantée de vignes et d'oliviers, en partie entourée par une chaîne demi-circulaire de montagnes bleuâtres sur laquelle le Djebel-Ressas (1) se découpe vigoureusement.

La route bordée d'arbres est fort bien entretenue : à droite et à gauche, les ceps s'étendent à perte de vue, bien soignés et alignés comme des soldats à la parade.

M. Crété m'attend à la Pépinière, un jardin d'essai qu'il a créé récemment. Les arbres fruitiers d'Europe, — cerisiers, pêchers, poiriers — mais surtout les amandiers et les orangers y poussent fort bien. Il y étudie égale-

(1) Djebel-Ressas, *la montagne de plomb*, ainsi nommée à cause des mines qu'on y exploitait autrefois.

ment les différents genres de vignes dont chaque espèce est représentée par quelques ceps et cultive même les plantes d'ornement, palmiers, acacias d'Australie, eucalyptus; qu'il vend par milliers de pots aux jardiniers et aux amateurs de Tunis.

Au milieu de ces arbres fruitiers de mon pays, je me croirais dans le jardin de quelque horticulteur français, si un détail ne me rappelait l'Afrique : au tournant d'une allée, j'aperçois un chameau qui broute des feuilles d'artichaut et s'interrompt pour nous regarder d'un œil stupide.

Nous visitons ensuite les caves : immense bâtiment dont la double nef contient quarante énormes cuves cylindriques et vingt-six foudres gigantesques.

La production annuelle est actuellement de 10.000 hectolitres et le propriétaire espère la porter prochainement à 14.000.

A côté des caves, la maison du chef de chaix, la laverie, la distillerie, la tonnellerie et différents magasins. Cuves, fûtailles, tonneaux se font sur place : les bois viennent directement d'Autriche, les fers, de Belgique ou de France.

Ces visites que nous faisons assez minutieuses, — car en même temps qu'il me montre son domaine, mon hôte surveille les moindres détails et donne ses ordres, — nous mènent jusqu'au soir. Il n'est pas loin de sept heures quand nous arrivons à Crétéville.

C'est une sorte de bordj, formant un rectangle long d'une centaine de mètres, entouré de murailles hautes de deux ou trois. A l'angle gauche, la maison de maître indiquée par une tour crénelée.

L'intérieur du bordj rappelle celui d'une grande ferme : une cour très vaste ; à droite de la porte d'entrée, les écuries et les étables ; à gauche, la partie réservée à l'habitation, les magasins, les bureaux.

Il y a là une forge, une sellerie, tous les ateliers nécessaires à la confection ou à la réparation de l'outillage agricole. Cette immense plaine du Mornag ne renferme ni villages, ni hameaux, seulement quelques domaines fort éloignés les uns des autres et dans ce désert de vignes, séparé de Tunis par plusieurs lieues, il faut savoir se suffire à soi-même.

Un téléphone relie Crétéville à Tunis et de là s'embranche sur les réseaux de la Goulette, de Sousse et de Kairouan.

Au milieu de la cour, un grand hangar pour remiser les chariots et l'approvisionnement du bétail.

Nous jetons avant le dîner un coup d'œil aux gourbis situés en dehors du bordj : des laboureurs Kabyles les habitent. Plus loin se trouvent des huttes pour les nègres et des baraquements en planches pour les Européens, — Siciliens, Maltais ou autres.

Très curieux, ces petits hameaux où se groupent les ouvriers de chaque nationalité, bâtis chacun dans le goût de ceux qui les occupent.

Rien ne manque dans cette exploitation modèle. Voici l'économat : on vend au prix coûtant aux ouvriers, les effets d'habillements, la boisson, l'épicerie et la viande.

Il y a même, dans un massif d'ifs et de peupliers, une petite chapelle toute blanche où de temps en temps un missionnaire officie et un cimetière où repose déjà le beau-père du propriétaire actuel.

En faisant cette rapide visite, M. Crété me donnait des renseignements sur la création de son domaine. Ce fut en 1885, qu'après avoir donné sa démission d'officier aux chasseurs d'Afrique, il vint s'établir accompagné d'un seul domestique, son ancien ordonnance, dans cette plaine stérile. Ah ! les commencements furent pénibles ! L'existence des pionniers américains. On couchait sous une tente, on n'avait que de l'eau saumâtre à boire ; il fallait défricher, cultiver, aménager ce terrain couvert de brousse, lutter avec les difficultés de la vie du désert, venir à bout de la malveillance des Arabes et trouver des bailleurs de fonds pour acheter les terrains. Mais avec de la tenacité, on vient à bout de tout, et M. Crété en a une certaine dose.

Actuellement le domaine de Crétéville renferme 650 hectares, dont 250 sont en vignes et la propriété d'Ain-Deguïra qui y touche et en forme la continuation, ne compte pas moins de 685 hectares dont 35 seulement de vignobles : le reste en brousse et en terres labourables.

L'exploitation ne comprend guère que des vignes : la culture agricole est à peu près réduite aux besoins du personnel qui est très nombreux et à l'alimentation du bétail. On y fait peu d'élevage. Du reste en Tunisie, la race bovine est petite, maigre, mauvaise laitière et ne fournit qu'une viande sèche et fibreuse. Les porcs sont à l'état d'exception.

Le principaux plants sont : le Mourvèdre, le Carignan, le Petit-Bouschet, le Pineau, le Cabernet, le Morrastel, qui donnent les vins rouges ; les vins blancs sont produits par le Pineau blanc, le Chasselas, l'Ugny ; et les vins liquoreux, par le Muscat.

Tandis que mon hôte me donnait ces explications de sa voix brève d'officier toujours habituée au commandement, la nuit était venue. Elle n'était pas banale, cette fin de journée : le soleil empourprant les vignes et dorant les montagnes de ses derniers rayons.

De tous côtés, les troupeaux rentraient au bordj : des bandes de vaches hautes d'un mètre, aux cornes arrondies ; des veaux folâtres qui gambadaient avec des grâces pataudes ; des moutons conduits par un petit Arabe, joliment drapé dans son misérable burnous et traînant aux pieds des bottines éculées.

Puis les laboureurs — de robustes Kabyles — derrière leurs chevaux et leurs mulets ; des domestiques français, anciens soldats ayant conservé l'attitude et presque le costume militaire avec leurs chéchias, leurs bourgerons bleus et leurs pantalons de treillis.

Hommes et bêtes marchaient lentement, harrassés par les fatigues du jour.

Bientôt les grandes ombres de la nuit descendirent du Djebel-Ressas, enveloppant la campagne entière. Et dans cette immense plaine du Mornag, noyée dans l'obscurité, ce fut un assoupissement général de la terre et des êtres, un silence solennel, empreint d'une poésie mélancolique, qui contrastait singulièrement pour moi avec les soirées bruyantes, les fêtes tumultueuses des semaines précédentes.

CHAPITRE XV

Dans la plaine du Mornag. — A travers la brousse. — Douémis. — Manière de battre le blé chez les indigènes. — Les gourbis des Kabyles. — Un facteur tunisien. — Scènes champêtres. — Robinson Suisse en action.

Mercredi 7 juin. — Nous devons faire aujourd'hui une excursion assez lointaine : traverser la plaine du Mornag, en voiture tant que ce sera possible, à cheval le reste du trajet, franchir la chaine du Djebel-Ressas par un défilé qui, paraît-il, serait le véritable défilé de la Hache où furent anéantis les Mercenaires, visiter au delà un orphelinat agricole dirigé par des Pères blancs et gagner Zaghouan. La journée sera rude : aussi partons-nous avec l'aube.

Nous parcourons d'abord tout le vignoble et longeons la propriété d'Ain-Déguïra. Nous apercevons de loin la maison d'habitation et les caves dont les toitures piquent une note rouge clair dans la verdure. Puis nous quittons les parties cultivées pour entrer dans la brousse, terrain rocailleux couvert de bouquets de lentisques et de jujubiers. La route n'est plus qu'une piste, parfois à peine indiquée, mais singulièrement cahoteuse : je retrouve le roulis de la *Ville de Naples*. Un torrent dont je ne me rappelle plus le nom y roule l'hiver ses flots écumants :

aujourd'hui son lit est presque à sec, à peine un mince filet d'eau court-il au milieu d'énormes galets.

Nous traversons cet *oued* dans un endroit charmant : de petites roches forment des cascatelles en miniature d'où le ruisseau jaseur se précipite dans des bassins naturels ; l'eau a une transparence de cristal et une fraîcheur glacée ; les rives sont ombragées par des lauriers roses en fleurs. C'est comme une oasis ravissante : l'on s'y arrêterait volontiers, mais si nous voulons mener à bien notre excursion, il n'y a pas moyen de muser.

Nous arrivons à Douemis où se trouve la propriété de M. de F... De la terrasse de son bordj on a une vue fort étendue : le paysage est beau, mais quelque peu sauvage. On n'en est encore qu'à la période de défrichement : quelques arabes cultivent la terre, un nègre fait mouvoir une noria pour monter l'eau. J'avoue qu'il faut un certain courage à un jeune homme pour s'enfermer seul, à vingt-cinq ans, dans cette Thébaïde. A côté Crétéville avec son animation semble une véritable capitale.

Nos chevaux de selle sont prêts et nous attendent, mais notre ami Crété, qui était souffrant depuis le matin, sent son malaise s'augmenter. Nous le décidons non sans peine, à revenir avec nous à son domicile.

Notre expédition est manquée : mais je ne la regrette pas. Il y a tant de choses à étudier dans cette intéressante exploitation.

Je vais voir battre le blé. Le procédé, à la manière arabe, est des plus primitifs. Les gerbes jonchent le sol et sur cette arène de paille trottent deux chevaux que conduit un indigène droit sur deux planches, dans une attitude de triomphateur romain.

Les enfants se roulent sur les bottes de paille avec de grands éclats de rire, mais voici maître Maxime, — un gros joufflu de deux ans, — bien embarrassé ! Sa chaussette est pleine de fétus de paille et il gémit terriblement ! Par bonheur une ouvrière kabyle vient à son aide. Rien de joli comme ce petit groupe : cette femme basanée, bizarrement accoutrée, accroupie devant ce chérubin blond, enlevant délicatement, une à une, chaque brindille tandis que lui, vivement intéressé, tend son pied rose et regarde gravement sans bouger.

Je vais revoir les habitations des Kabyles que je n'avais pas eu le temps de visiter hier soir. On leur avait élevé des constructions en pierre, spacieuses et commodes, d'un effet très pittoresque. Ces braves gens, gênés par ces splendeurs, ont préféré bâtir autour des gourbis à la mode de leur pays, misérables demeures en terre, recouvertes de branchages. Bêtes et gens vivent là dans une promiscuité quasi fraternelle. La porte sert également de fenêtre et de cheminée, des loques lamentables — la garde robe de la famille — pendent du toit. A côté de chaque gourbi, un four rond en terre pour cuire les galettes que les femmes pétrissent dans un coin de la cour.

Mon arrivée cause une légère sensation : les chiens semblables à des loups hurlent après cet intrus, les femmes rentrent, les enfants se cachent, une vache qui vaguait dans la cour en reste stupide d'étonnement et, plantée sur ses jambes écartées, me regarde sans bouger.

J'envoie des pierres aux chiens, je donne quelques sous aux femmes, des cigarettes aux hommes, des caresses aux enfants et je me fais rapidement de tous des amis même un peu gênants, car ils se groupent autour de moi et m'empêchent presque de dessiner. Il n'est pas jusqu'à la vache qui, revenue de son hébêtement, ne s'approche à son tour pour voir ce que je fais. Grâce à mes générosités je pars couvert des bénédictions — et des puces de la tribu.

Mais voici que le facteur apporte le courrier. Bien original, ce facteur qui ne ressemble guère à nos modestes piétons de France. C'est un spahi du contrôle de Nabeul qui fait le service à cheval. Fièrement campé sur sa monture arabe dont les lourdes saccoches pleines de lettres battent les flancs, enveloppé dans un vêtement bleu que recouvre le burnous blanc, le grand chapeau de paille retenu sur le dos par la jugulaire, il a vraiment bonne mine. Il arrive bride abattue et repart de même, car il a du chemin à faire pour accomplir sa tournée dans les habitations isolées du Mornag.

Au déjeuner, la famille s'est encore augmentée des deux beaux-frères de M. Crété, échappés du collège de Carthage pour un jour de congé. C'est plaisir de voir l'appétit général. Maître Maxime, ressemble à un petit ange avec sa figure rose encadrée de mèches blondes, folles et frisotantes. De quel air câlin, il sait dire : « Maman, ze voudrais encore des fraises », avec ce zézaiement si gracieux de l'enfance et un charmant sourire qui le rend adorable. Mais les mouches dont on est positivement infesté semblent s'être donné rendez-vous sur son assiette pleine de friandises : elles abusent de sa jeunesse pour dévorer ses gâteaux, il lutte énergiquement contre ces escadrons ailés, mais sans succès et finit de guerre lasse, par s'en aller coucher.

J'essaie de faire la sieste, je suis à peine étendu sur mon lit qu'un chien caché sous la table vient me caresser, un chat sort de la cheminée et saute en ronronnant à mes côtés. J'aperçois devant ma fenêtre une jambe qui remue frénétiquement ; elle appartient sans doute à quelqu'un des enfants qui grimpent le long du mur, profitant des treillages, s'accrochant à toutes les saillies pour visiter les anfractuosités des murailles et dénicher des moineaux.

La vie de la ferme qui s'est assoupie de onze heures à deux heures sous l'ardeur du soleil, reprend de plus belle et je reste amusé par tous les détails de cette existence champêtre.

Ici des ouvriers indigènes ramassent le grain, ailleurs des Siciliens construisent une maison.

Un chameau monté par un petit Kabyle juché sur sa bosse, rentre gravement dans l'enclos où sont déjà parquées les vaches. Il les domine de toute sa hauteur et de tout son orgueil, et, du bout de ses lèvres dédaigneusement retroussées, il semble dire : « Avec quels animaux inférieurs me place-t-on, Grands Dieux ! »

Plus loin un mulet en gaîté se roule voluptueusement dans la poussière, les quatre fers en l'air ; — des chats, maigres, hauts sur pattes, l'échine allongée, guettent de leurs yeux clairs des oiseaux imprudents, se rasant à terre pour bondir sur leur proie, dans des attitudes de panthères ; — une chienne étalée au soleil joue avec ses petits, de vraies pelotes de graisse ; — un paon promène majestueusement sa queue constellée et lance son cri strident ; — des bandes d'oies ou de canards passent, cahin-caha, clopin-clopant, à la recherche de quelque mare ; — des pigeons roucoulent près d'un colombier primitif qui n'est autre chose qu'un tonneau percé d'ouvertures et emmanché sur un pieu élevé.

A sept heures et demie, on se retrouve autour de la table de famille. Les langues se délient : les collégiens sont allés faire un tour dans la brousse jusqu'à la montagne, ils ont vu une bande de sangliers et rapportent une couple de hérissons ; les gamins sont enchantés d'avoir capturé des moineaux, et rêvent de chasses plus relevées. Cela me rappelle ces soirées du Robinson Suisse où chacun au moment du dîner raconte ses aventures de la journée, ses impressions, ses découvertes.

Tout ce petit monde dévore : puis peu à peu les enfants disparaissent, d'abord Maxime que sa bonne emporte sans même qu'il ait conscience de son enlèvement, puis les gamins qui dormaient déjà sur la table ; les collégiens à leur tour s'en vont se reposer après une journée si bien remplie.

Je reste seul à me promener avec mon hôte qui fait sa ronde de nuit et pense au travail du lendemain et aux agrandissements futurs. Tandis qu'il donne ses ordres, je songe au contentement et au légitime orgueil que doit éprouver celui qui peut se dire : Tout cela est mon œuvre ; où croissait la brousse, j'ai fait pousser la vigne ;

des puits ont été creusés à des endroits où l'on ne trouvait autrefois que de l'eau saumâtre ; des habitations se sont élevées au milieu de cette solitude. Seul j'ai créé ce domaine : par mes soins de chaque jour il se développe constamment et qui sait si plus tard une ville ne s'élèvera pas à l'endroit qui n'était autrefois qu'un désert ?.....

N'est-ce pas là une existence bien remplie et croyez-vous que l'ancien officier qui, après avoir fait vaillamment son devoir de soldat, s'est ensuite dévoué à la pacifique conquête de la terre n'a pas rempli sa tâche et bien mérité de la Patrie !

CHAPITRE XVI

A la recherche du divan du Cadi. — Huissier et plaideurs tunisiens. — Une séance de la Chara. — Visite au Dar-el-Bey. — Mendiants officiels et autres. — Une promenade à Carthage. — Le passé, le présent. — Le grand séminaire, le musée, la salle des croisades. — Un mot de Mgr Lavigerie. — La cathédrale. — La tombe du Grand Cardinal. — Je fais une découverte importante. — Chanteurs de cafés-concerts.

Jeudi 8 *juin*. — J'ai quitté à regret, ce matin mes hôtes qui voulaient encore me retenir et j'ai eu grand' peine à m'arracher à cette cordiale et patriarchale hospitalité.

La voiture qui me reconduit, ramène également les deux collégiens à leur pension. Ils ont le cœur gros de rentrer dans leur prison, après cette journée de congé : je compatis à leur peine, car je comprends combien l'internat doit être dur pour ces natures avides de grand air et de liberté !

Ils restent silencieux pendant toute la route, contemplant de leurs grands yeux rêveurs cette nature qui s'éveille : les ouvriers s'en vont, les outils sur le dos reprendre dans les vignes leur dur labeur les alouettes s'élèvent en chantant dans les airs, la campagne entière s'égaie sous les rayons du soleil levant.

Ils se retournent, — comme moi, — pour regarder une dernière fois Crétéville dont on n'aperçoit plus que la tourelle crénelée et admirer cette ceinture de montagnes bleuâtres au milieu desquelles le Djebel-Ressas se dresse, le front couronné de nuages. Puis tout s'estompe dans le lointain et disparaît peu à peu. Nous sommes en rase campagne. A la petite gare de Maxula-Rhadès, je laisse mes collégiens continuer leur route en voiture jusqu'à la Goulette et je prends le train qui me ramène à Tunis vers huit heures.

On m'avait recommandé comme intéressante une séance de la Chara, autrement dit le Divan du Cadi, qui se tient le jeudi : me voilà donc à la recherche de ce fameux Divan. Les explications qu'on me donne dans une langue qui n'est ni de l'arabe ni du français sont si embrouillées que je me perds complètement. Par bonheur je rencontre un enfant qui, pour quelques sous, me remet dans le droit chemin et me conduit à la porte du palais de justice indigène.

Comme les édifices et les maisons arabes, il ne paie pas de mine : à l'extérieur, aucune décoration indicatrice, peu ou point de fenêtres, une porte presque basse. Je serais passé là cent fois sans même douter que c'était la demeure de la Thémis Musulmane.

L'intérieur heureusement dédommage de ce premier mécompte ; on pénètre d'abord dans un patio très vaste et très clair où les rayons du soleil arrivent tamisés par un vitrage. Des colonnes de marbre noir et blanc soutiennent des arcades mauresques qui partagent la salle en trois nefs : le long des murailles court une frise couverte de ces ciselures délicates dont les Arabes ont le secret. C'est la salle des Pas-Perdus où se tiennent les plaideurs, allant, venant, mais calmes, presque silencieux, ou bien parlant à voix extrêmement basse. Leur attitude recueillie contraste singulièrement avec celle de nos justiciables.

Dans ce patio s'ouvrent une suite de petites salles qui servent au fonctionnement de la justice : le greffe, la chambre des avocats ou des hommes d'affaires, les archives, les cabinets des juges, jusqu'à une espèce de prison préventive.

Au fond du patio j'aperçois comme un grand fantôme debout devant une excavation : il a une figure exsangsue dont une barbe très noire fait encore ressortir la pâleur et, enveloppé dans ses draperies blanches comme dans un suaire, il évoque à mon esprit l'image de Lazare sortant du tombeau. Il domine la foule qui se presse autour de lui et, d'un geste noble, lui commande le respect.

Serait-ce le cadi, le fameux cadi ?...

Erreur de mes sens abusés ! Innocence de mes conjectures !

C'est tout bonnement l'huissier. Mais un huissier autrement décoratif que les nôtres, qui défend contre la foule des plaideurs la porte du tribunal.

Nous ne pouvons, hélas ! échanger le moindre mot. Par une mimique expressive, je fais comprendre à cette vigilante sentinelle que je désirerais entrer pour contempler face à face la Justice musulmane et comme je salue jusqu'à terre, il paraît sensible à cette marque de déférence et me laisse pénétrer dans le sanctuaire. C'est une chambre assez vaste et à demi obscure : elle n'est éclairée qu'indirectement par des baies qui donnent sur la salle des Pas-Perdus.

Vis-à-vis de la porte d'entrée, un grand cadre doré contenant sans doute des versets du Coran : au-dessous, un fauteuil très haut, — reps vert et banal acajou. A droite et à gauche, le long des murailles, des ottomanes ; les juges sont assis à la turque ou s'appuient sur des coussins. Bien que leur posture prête peu à la gravité, ils ont fort grand air : presque tous sont des vieillards à longue barbe blanche, d'une figure régulière et majestueuse. Encore qu'ils n'aient pas la toge sévère et uniforme de nos magistrats, leurs amples costumes orientaux de toutes nuances, jaune, vert d'eau, orange, rouge, ne détonnent pas dans cette salle orientale. Ils s'enveloppent dans une espèce de mantelet blanc qui se rattache à leur turban : celui-ci a une forme spéciale, il est d'une seule pièce et ressemble à ceux dont on affublait les Turcs dans les estampes du XVIIe siècle. Ils tiennent à la main l'éventail de paille en forme de petit drapeau.

Les plaideurs viennent s'asseoir vis-à-vis sur une banquette et exposent leurs griefs eux-mêmes ou par l'intermédiaire de leurs avocats ; tout se passe tranquillement sans grands éclats de voix : en quelques minutes l'affaire est entendue et les parties s'en vont.

La Chara (loi sacrée) est le tribunal ordinaire de droit commun. Théoriquement sa compétence est illimitée tant en matière immobilière qu'en matière mobilière. En matière civile, les seules affaires qui lui soient soumises sont les affaires immobilières, les successions et les questions d'État.

A onze heures et demie, l'huissier annonce sans doute que l'audience est levée car une partie du public s'écoule, les juges descendent de leurs canapés et, solennels, se dirigent vers la porte en traversant le patio. Sur leur passage se pressent les plaideurs, les uns prennent la main des magistrats qu'ils baisent respectueusement, d'autres leur embrassent l'épaule et ceux qui ne peuvent y arriver se contentent d'un pan de leurs vêtements. Ces juges sont en même temps des prêtres (*mufti*) et la vénération sincère du fidèle se mêle à la sollicitude intéressée du justiciable.

Comme je ne suis ni plaideur ni musulman, je ne baise pas la main de ces augures à l'exemple de mes voisins, mais je me découvre sur leur passage et cette marque de respect ostensible les flatte évidemment : ils répondent à ma politesse en s'inclinant et en mettant la main sur leur cœur.

A la porte les attendent leurs équipages, des coupés très correctement attelés, ou leurs montures, des mules pomponnées. Ils montent gravement dans leurs voitures, enfourchent non moins dignement leurs pacifiques coursiers et s'en vont, majestueux comme nos vieux Parlementaires d'autrefois.

Cette audience m'a intéressé, mais je n'y ai rien compris, ce qui m'a fait regretter une fois de plus mon ignorance de la langue arabe, tout au moins l'absence d'un interprète.

Je retourne à la place du Dar-el-Bey égayée par quelques arbres et par un bureau de tramway. D'un côté, un édifice moderne dans un style pseudo-oriental, sans grand cachet, où sont installés les administrations des financiers et des travaux publics ; de l'autre, le palais du Bey qui donne son nom à la place. C'est là que Son Altesse descend quand elle vient à Tunis.

Encore que je l'ai vu autrefois, j'ai visité ce monument avec plaisir. Un Arabe me sert d'interprète et un employé convenablement ventru, en fez et en tunique plissée, me guide officiellement. Il est bientôt rejoint par un autre rond de cuir, flairant une récompense honnête, — tous deux nichamés à qui mieux mieux — et par un soldat du poste qui vient également flâner de mon côté, espérant vaguement quelque pourboire. Entouré de cette petite escorte je parcours l'enfilade des salles du Palais, le salon de réception avec son trône doré, la salle à manger, la salle des ministres et *tutti quanti*. Je glisse sur ces parquets cirés, je me démanche la tête à regarder ces plafonds sculptés, ciselés, dorés, peinturlurés. Les murs sont cloisonnés de faïences polycrômes et ornés de mosaïques : malheureusement ce qui dépare cet ensemble, ce sont les meubles européens en acajou, les médiocres gravures noires ou coloriées qui représentent quelque ancien bey ou des épisodes de la guerre de Crimée. J'allais oublier les inévitables et nombreuses pendules dorées, flanquées de fleurs artificielles, — le tout sous globe bien entendu.

De la terrasse où je monte, on a sur la ville entière un coup d'œil enchanteur et l'on plonge même dans les habitations voisines avec une aisance fort indiscrète.

Je retrouve en descendant mes fonctionnaires que

leurs gros ventres retiennent au rivage, c'est-à-dire au pied de l'escalier : je les rétribue convenablement, je paie mon interprète, je donne même quelques sous au pauvre diable de soldat qui tend plus ou moins la main.

A la porte du Dar-el-Bey m'attend un bataillon de mendiants arabes, plus sordides, plus dépenaillés les uns que les autres. Comme mes libéralités ont épuisé ma menue monnaie, je me contente de les saluer de « *Djeb Allah ! (Dieu te le donne !)* » énergiques. Formule polie et compatissante pour dire : Va-t-en au diable ! Elle est touchante dans sa confiance, mais je doute fort, malgré sa beauté, que tous ces loqueteux la goûtent beaucoup et je crois avec le Bonhomme,

« Que le moindre grain de mil
Ferait bien mieux leur affaire. »

. . . .

Il fait très chaud, aussi me faut-il un certain courage pour m'en aller à Carthage après mon déjeuner. Je m'endors même si complètement dans mon compartiment que l'employé est obligé de me secouer vigoureusement pour contrôler mon billet.

Si la ligne la plus courte pour aller d'un point à un autre est la ligne droite, le chemin le plus long entre Tunis et Carthage est certainement la ligne du chemin de fer. Le train commence par s'enfuir (1) dans le sens

(1) *S'enfuir* est une expression imagée, mais d'une fidélité plus que douteuse : les chemins de fer en Tunisie et surtout celui de la Goulette ne connaissant qu'une sage lenteur auprès de laquelle la marche de nos trains de marchandises peut paraître une vitesse vertigineuse.

opposé, c'est-à-dire par vous mener à la Goulette, puis revenant sur ses pas, il s'en va dans la campagne, décrivant de capricieux zigzags, de fantastiques détours. Il finit cependant par vous conduire à destination. Encore ayez bien soin de ne pas vous tromper et de descendre à la Malga qui est la vraie station et non à Carthagine dont le nom pourrait induire en erreur.

Je note cette confusion possible, mais je ne m'en plains pas, car il n'y a rien qui m'horripile comme ces noms historiques servant d'enseignes à des haltes de chemins de fer. Je n'ai pas encore digéré le « *Pompéï, permutari convoglio* ! » dont les employés italiens ont assassiné mes oreilles et encore moins.. « *Jérusalem ! tout le monde descend !...* » A quand la bifurcation sur la vallée de Josaphat pour les colis mortuaires ou l'embranchement sur le Paradis terrestre ?

De la Malga à la cathédrale, il y a un bout de chemin d'autant plus difficile qu'il faut gravir les pentes assez escarpées du monticule sur lequel s'élève la basilique. Il y a notamment un certain petit raidillon que je vous recommande l'après-midi, en plein soleil, avec une cinquantaine de degrés de chaleur. C'est péniblement et suant à grosses gouttes que j'arrive au sommet, mais comme j'en suis récompensé par la vue qui s'étend sans obstacle sous mes yeux !

Devant moi, une mer d'azur sur laquelle dansent les barques des pêcheurs ; — à droite le golfe d'Hammamlif et le lac Bahira qui n'est plus maintenant que la prolongation de la mer, déchiquetant les rives de ses sinuosités ; — Tunis, dans le lointain, scintillant sous les rayons du soleil. A mes pieds, une foule de charmantes villas blotties dans la verdure comme en leurs nids, des oiseaux frileux. C'est un des plus beaux panoramas qu'on puisse rêver.

Et que de souvenirs !

C'est de là que l'amoureuse Didon vit s'éloigner les vaisseaux de son volage amant.

C'est de là que les Phéniciens s'élancèrent à la découverte du monde et que les trirêmes des Carthaginois partirent à le conquête de Rome.

C'est là que la prêtresse de Tanit, l'orgueilleuse Salommbô, se laissa toucher par l'amour de Mathô ; que Marius se réfugia ; que Caton, après sa défaite, vint à son tour méditer sur l'inconstance de la fortune avant de se donner la mort à Utique.

En foulant cette terre de Carthage, toutes ces grandes figures de l'antiquité se dressent devant vous, toutes ces scènes tendres ou tragiques, qui ont ému et passionné notre jeunesse, reviennent en foule à l'esprit, se pressent confuses, sans ordre, mais palpitantes et animées d'une vie si intense qu'elles semblent se dérouler sous vos yeux : immortelles amours d'Enée et de Didon, — luttes sanglantes où Carthage disputa à Rome le sceptre du monde et faillit l'emporter, — combats fratricides des Romains se déchirant entre eux.

. . . .

Je sonne à la porte du grand séminaire de Saint-Louis qui fait face à la mer. Un vieux portier arabe, mais parlant français, m'ouvre et m'introduit dans le jardin en me donnant sur chaque chose des explications baroques que j'essaie d'éviter de mon mieux.

Il y a là, garnissant les murailles ou servant de plates-bandes une collection d'objets trouvés dans les fouilles, — véritable musée en plein vent qui ferait le bonheur de nos antiquaires — : des morceaux de statues, des têtes décapitées, des torses plus ou moins mutilés, des pieds, des mains, des jambes, des moitiés de chevaux en pierre, des oiseaux symboliques, des bas-reliefs, des fûts de colonnes, des chapiteaux, des débris de toutes sortes.

J'ai surtout remarqué en passant une grande statue de femme dont les vêtements flottants, aux plis gracieux, dessinent les formes impeccables : la tête manque malheureusement. Comme il était artistique, ce costume grec, éternellement jeune, éternellement beau. Hélas ! Mesdames, que vos modes actuelles semblent à côté mesquines et ridicules avec leurs chiffonnements d'étoffes et leurs exagérations comme peuvent seules en créer des couturières aux abois !

Le bonhomme qui m'accompagne m'introduit dans une grande salle. Un artiste, dont j'aime mieux taire le nom, a renouvelé pour Saint Louis ses souffrances en le martyrisant par des fresques d'une affligante médiocrité. Elles représentent divers épisodes de la huitième croisade. Dans l'une d'elle, le roi et ses paladins s'élançent sur des chevaux invraisemblables contre les Sarrazins dont ils font un affreux carnage : les mécréants sont taillés en pièces, pourfendus sans merci et fuient à toutes jambes. Cette peinture ne causa qu'un médiocre plaisir à l'ancien bey, d'autant plus que la tête de l'un des fuyards lui ressemblait outrageusement.

Une autre scène représente Louis IX à ses derniers moments, étendu sur le sol, les bras en croix, couvert d'une robe de bure, entouré de ses fidèles en larmes : les figures sont des portraits. J'ai parfaitement reconnu le Cardinal Lavigerie dans le prélat qui donne au mourant les derniers sacrements.

Je me rappelle avoir vu autrefois dans cette salle, au dessous des fresques, d'innombrables rangées de blasons: armes parlantes des grandes familles de France dont la générosité avait contribué à élever la cathédrale et qui s'abritaient sous les souvenirs des croisades où avaient figuré leurs aïeux. Malheureusement la vanité s'en était mêlée : la charité ne servait souvent que de prétexte pour étaler des titres de noblesse, — parfois même pour en conquérir.

Le Cardinal qui n'était pas ferré sur l'armorial, acceptait tout de confiance et au besoin, paraît-il, quand le donateur n'avait pas de blason, il lui en faisait brosser un, aussi fourni que celui des la Trémouille ou des Montmorency.

Mais, ce n'est qu'un détail ! La fin justifie les moyens, et la bêtise humaine est un champ fertile qu'il est bien permis d'exploiter quand le but est aussi noble. En songeant à ce que le Grand Prélat a fait pour la France en Afrique, les grincheux ne lui pardonneront-ils pas d'avoir introduit dans notre nobiliaire quelques blasons plus ou moins apocryphes ?

Le bon Cardinal était du reste le premier à en rire et

je me suis laissé conter que, dans ses moments de gaîté, il appelait cette salle des croisades, la salle des.... imbéciles !

Depuis, ces blasons ont été déplacés et transportés dans la basilique entre les arcades de la nef et dans le chœur.

Le père blanc qu'on est allé prévenir remplace avantageusement mon premier cicérone et me fait visiter le musée : je n'entreprendrai pas de le décrire. Je ne suis malheureusement pas versé dans l'archéologie, la numismatique et la géologie. Mais quelle riche collection d'objets anciens : mosaïques, amphores, colliers, fibules, torques, monnaies, bustes, statues, armes, sarcophages, stèles, inscriptions, instruments de cuisine, de guerre, de musique, de toilette... que sais-je moi ?

Il y a notamment une série d'innombrables lampes carthaginoises, romaines, païennes, chrétiennes, de toutes les époques et de toutes les formes : de quoi faire pâmer d'aise mes amis H... ou D... et surtout mon ancien professeur de réthorique, numismate endurci et archéologue impénitent.

La superbe collection de monnaies fût, il y a trois ou quatre ans, volée par des Italiens qu'on pinça à leur débarquement en Sicile. On les envoya pour quelques années aux galères expier leur forfait, mais les drôles avaient eu soin de mettre les pièces en lieu sûr pour les retrouver à leur sortie de prison. Depuis on a à peu près réparé cette perte, car les fouilles, sous l'infatigable et intelligente direction du P. Delattre, amènent chaque jour d'importantes découvertes.

Au milieu du jardin s'élève la chapelle de St Louis. Elle a une forme octogonale et une apparence assez mesquine. Elle a été construite sous le règne de Louis-Philippe sur un lopin de terre que le bey d'alors avait concédé au roi de France. C'était le seul coin que la France possédât alors en Tunisie. Aujourd'hui la basilique de Carthage l'écrase de sa splendeur, et la Tunisie est devenue Française.

En sortant du séminaire je visite la cathédrale. Elle a été érigée par les soins du Cardinal Lavigerie, sur les plans de M. l'abbé Pougnet. La première pierre fut posée en 1884 et la basilique a été livrée au culte il y a deux ou trois ans. Son style est byzantin mauresque.

A l'intérieur il y a trois nefs : une grande et deux petites latérales, séparées par des colonnes et des arcades en marbre blanc, ornées de riches mosaïques. Au-dessus de ces arcades court une galerie, et plus haut une inscription latine, en lettres énormes, rappelle les prérogatives de l'évêché de Carthage. Des vitraux dans le goût arabe donnent une lumière douce.

Dans une des allées latérales, celle de droite, près du chœur se trouve la tombe du cardinal : une simple dalle de pierre la recouvre.

J'en ai copié l'inscription que je reproduis ci-contre avec une scrupuleuse exactitude qui m'en a même fait respecter la disposition matérielle.

HIC
in spem infinitæ misericordiæ requiescit
Karolus-Martialis-Allemand LAVIGERIE
olim
S. R. E. Presbyter Cardinalis
Archiepiscopus-Carthaginiensis et Algeriensis
Africæ Primas
nunc cinis.
ORATE PRO EO

Natus Bayonnæ die trigesima prima octobris 1825
defunctus est die vigesima sexta novembris 1892.

Traduction littérale : ICI dans l'espoir de l'infinie miséricorde repose Charles-Martial-Allemand LAVIGERIE, autrefois S. R. E. prêtre, cardinal, archevêque de Carthage et d'Alger, primat d'Afrique, maintenant poussière. PRIEZ POUR LUI. Né à Bayonne le 31 décembre 1825, il est mort le 26 novembre 1892.

Le cardinal avait fait construire le caveau de son vivant, et souvent, il venait méditer devant sa dernière demeure sur la fragilité des choses humaines. Il y a été déposé après sa mort selon son désir et il y repose maintenant pour l'Eternité, — lui qui ne se reposa guère pendant sa vie.

Cette grande image du cardinal vous hante partout ou vous allez en Tunisie et en Algérie : il y a laissé une mémoire bénie et sa mort prématurée causa une douloureuse surprise et d'unanimes regrets. On se rappelle encore les magnifiques obsèques qui lui furent faites à Alger et à Carthage au milieu de l'immense concours des populations accourues pour lui rendre un dernier hommage. Les musulmans eux-mêmes le révéraient comme un de leurs marabouts les plus respectés : ils faisaient toucher leurs burnous à son cercueil comme à celui d'un saint. Noble figure qui nous apparaît illuminée par la double auréole de la Foi la plus ferme et du Patriotisme le plus ardent !

A part la basilique à laquelle attient le grand séminaire et sur la colline voisine, le couvent du Carmel et un grand édifice carré renfermant le petit séminaire, on ne voit à Carthage que des terrains incultes.

De cette orgueilleuse cité aux rues populeuses, aux temples grandioses, aux remparts gigantesques qui étonna le monde par ses exploits, ses richesses et ses cruautés, il ne reste rien, qu'un simple souvenir ! Pas même des ruines ! Seulement des landes stériles où folâtrent çà et là des chèvres, où des troupeaux de moutons viennent paître sous la conduite de quelque berger en haillons !

En me promenant sans but dans ce qui fut Carthage, je vois tout à coup dans une excavation, quelque chose reluire. Serait-ce une monnaie, un objet précieux ?...

Un antiquaire frissonnerait de plaisir ! Je me mets à fouiller et, avec bien de la peine, j'arrive à découvrir... le couvercle de cuivre d'une petite boîte de cirage du Phénix. Avait-elle été enfouie là par l'effet du hasard, ou par la malice de quelque farceur qui s'était passé la fantaisie de causer une déconvenue à un explorateur ? Je l'ignore. Je n'en ai pas moins pieusement recueilli ma trouvaille. Qui sait ? Dans quelques deux ou trois mille ans, mon humble couvercle de boîte à cirage sera peut-être aussi recherché que les objetsque j'ai vus exposés au musée de Carthage !

Une cloche du couvent du Carmel qui tinte mélancoliquement cinq heures, m'arrache à mes rêveries et me rappelle à la réalité personnifiée par le train qui n'attend pas les retardataires. Je dégringole vers la gare et j'ai juste le temps de grimper dans mon wagon.

A la Goulette nous prenons entre autres voyageurs une bande de chanteurs et de chanteuses que j'ai déjà vus dans quelque café-concert de Tunis. Les hommes, fort débraillés et d'une propreté douteuse, ont la face rasée et la mine glabre des pitres ; les femmes, — de fausses rousses, énormes, mafflues, sanglées dans leurs corsets, — portent sur leurs visages usés par le maquillage les fatigues d'une vie difficile et de nuits laborieuses.

En attendant le travail du soir, la troupe est allée sacrifier aux Jeux et aux Ris et se retremper dans le sein de la Nature. Si j'en juge par les figures enluminées de ces Messieurs et de ces Dames, on a dû faire en l'honneur de Bacchus des libations nombreuses.

En voilà qui se moquent un peu des souvenirs classiques — qui du reste ne les étouffent pas — et ne sont guère sensibles aux charmes mélancoliques du Passé, pas plus qu'aux mystérieuses aspirations de l'Avenir !

Ils s'empilent dans le même wagon, riant aux éclats, lançant des plaisanteries grivoises, chantant à tue-tête des refrains ineptes.

Et je salue une dernière fois Carthage, tandis que des voix éraillées égrénent le répertoire de Bruant ou de Paulus et hurlent à l'envi « à *Montmeurtre* » ou « *Tarataboum-de-Haye* » !

CHAPITRE XVII

L'hôpital Sadiki. — Les différents services. — Les malades. — Bonne tenue de l'établissement. — L'asile des aliénés. — Cabanons et bêtes fauves. — La prison civile de la rue de l'Église : quartiers et détenus. — La place Halfaouine. — Cafetiers, consommateurs et promeneurs. — Le conteur arabe. — L'avenue de la Marine à l'heure du persil. — Comme Diogène. — *A l'Abd-el-Kader.* — Cafés-concerts de Tunis. — Mandolinistes et étoiles de pénultième grandeur.

Vendredi 9 juin. — Ce matin je suis allé visiter l'hôpital indigène comme je l'avais promis au médecin en chef, le docteur Kaddour, Il m'attendait, vêtu de sa grande gandourah blanche, et il m'a montré successivement les différents services. J'avoue que j'ai été émerveillé : j'avais toujours entendu parler d'une façon si défavorable des hôpitaux musulmans, de leur mauvaise tenue et, tranchons le mot, de leur malpropreté, que j'éprouvais à chaque pas une agréable surprise.

Nous avons tout parcouru, rapidement mais consciencieusement, et le docteur m'en faisait les honneurs avec un légitime orgueil.

La pharmacie ressemble absolument à nos officines par son aménagement et l'emploi des médicaments. On a renoncé à ces remèdes plus ou moins empiriques dont on usait autrefois pour ne se servir que des préparations consacrées par le Codex.

Il existe un système de désinfection et un appareil d'hydrothérapie fort intelligemment installés que le docteur se propose de développer encore.

Les salles des malades sont vastes, hautes, voûtées, briquetées, bien aérées. Les murs sont blanchis à la chaux: les couchettes me rappellent celles de nos anciennes casernes : un cadre de bois posé sur des pieds en fer. Chaque malade a un matelas, des couvertures, des draps fort propres.

Toutes les salles sont situées au premier étage et donnent sur une cour intérieure vitrée, comme il en existe dans les maisons tunisiennes.

Cette architecture arabe avec ses arcades, ses portes cintrées en fer à cheval, ses fenêtres peintes en vert, produit le plus heureux effet. Un beau soleil avive encore la blancheur des murailles, des hirondelles gazouillent et voltigent dans le patio ; et de cet ensemble se dégage une impression claire et gaie que n'ont pas toujours nos hôpitaux.

Une odeur succulente me révèle la cuisine : sur des fourneaux arabes mijote dans d'énormes casseroles le repas des malades : des légumes, du riz, du mouton, du poulet : tout cela fort bien apprêté. Le chef, dont la tête est ornée d'un fez rouge au lieu du traditionnel béret blanc, découvre les casseroles et, comme l'encens en l'honneur des dieux, des bouffées odorantes me montent au nez, chatouillant agréablement mon appétit encore assoupi.

Ce qui me frappe, c'est l'extrême propreté qui règne partout depuis le cabinet du médecin en chef jusqu'aux endroits... les plus intimes.

Ce qu'il a fallu de soins, de prescriptions, de patience pour en arriver à ce résultat, Allah seul le sait! — et le docteur Kaddour aussi.

L'hôpital peut contenir une centaine de malades répartis en sept ou huit salles plus ou moins spacieuses. A chacune sont attachées un ou deux infirmiers.

Le service médical est assuré par le docteur Kaddour, assisté d'un interne et d'un pharmacien : le service administratif, par un directeur, un notaire enregistreur et deux ou trois receveurs. On le voit, rien n'y manque.

L'établissement ne reçoit aucune subvention de l'Etat, ou de la Municipalité : il est entretenu par les *Habous*, c'est-à-dire avec les biens que des particuliers ont affecté perpétuellement à des fondations pieuses ou charitables.

Les maladies les plus fréquentes sont la phtisie, l'anémie, les maladies des yeux et les maladies vénériennes. J'ai vu là des cas épouvantables de syphilis : des figures à demi rongées, des corps couverts de pustules, — accidents qui s'expliquent par l'incurie absolue des Arabes. Ils se bornent généralement à s'en aller faire une cure d'eau au Korbs. Beaucoup même ont recours à une pratique encore plus simple. Quand ils se reconnaissent atteints, ils sacrifient à Vénus avec une négresse quelconque, et après cet holocauste expiatoire, ils sont intimement persuadés qu'ils lui ont laissé tout le mal. Le lecteur sourira peut-être, mais beaucoup de nos paysans ne sont-ils pas aussi crédules?

Les prisons qui, malgré les efforts qu'on a faits pour les améliorer, laissent encore beaucoup à désirer au point de vue de l'hygiène, fournissent à l'hôpital un nombreux contingent. Tous ces malades, fatalistes comme des orientaux, ont un air de mélancolique résignation et se plaignent fort peu. C'était écrit ! Pourquoi lutter contre la destinée !

Un asile d'aliénés dépend de l'hôpital : il est situé au rez-de-chaussée et ne contient guère qu'une quarantaine de fous. Ce nombre semblera minime, étant donné la population de Tunis et l'abus que l'on fait du haschich, du tabac et même — en dépit de Mahomet — des liqueurs alcooliques. Mais on sait le respect que les musulmans ont pour les fous. Ils les considèrent comme frappés par l'esprit de Dieu, à peu près comme des saints. Aussi ne se décident-ils à enfermer que ceux qui deviennent dangereux pour la sécurité publique. D'autre part l'asile ainsi que l'hôpital n'est destiné qu'aux hommes : les femmes sont soignées ailleurs.

Si l'hôpital — ce réceptacle des misères humaines — n'a rien de réjouissant, je ne connais rien de plus triste que ces maisons de refuge pour les malheureux dont la raison a fait naufrage. A l'hôpital on a au moins encore affaire à des êtres raisonnables : ici, on ne sait plus si ce sont des hommes ou des animaux.

L'entrée a un aspect rébarbatif : une porte en fer cadenassée, verrouillée dont un guichetier nous ouvre avec une énorme clef la serrure compliquée. La porte grince sur ses gonds avec un bruit sinistre, nous sommes dans le préau. On y laisse les fous les plus inoffensifs : en une minute, ils nous entourent et nous pressent de leurs sollicitations. Je demande au docteur Kaddour ce qu'ils disent. Hélas ! comme nos malades d'Europe, tous réclament avec instance leur sortie, ce bien le plus cher à l'homme avec la santé, — la Liberté !

A l'entour du préau sont pratiquées des logettes dans chacune desquelles on isole les fous furieux. Ils sont enchaînés ou attachés avec des cordes : certains, qui ont la manie de déchirer leurs vêtements, restent absolument nus. En voici dans des postures d'animaux : celui-ci accroupi, celui-là à quatre pattes : d'autres tournent désespérément dans leurs cellules comme des fauves dans leurs cages ou se frappent sans répit la tête contre les murailles. Ils nous lancent au passage des regards terribles qui me font frissonner et je reconnais, malgré l'horreur de la chose, que la chaîne n'est pas de trop.

Nous précipitons notre visite : un idiot nous suit en gloussant : sa face bestiale s'éclaire d'un rire épais : il nous accompagne avec d'autres fous jusqu'à la sortie vers laquelle tous tendent les bras. Hélas ! la grille se referme en grinçant sur ces deshérités, comme dans l'enfer du Dante, la porte sur les damnés !

Je salue en partant le directeur de l'hôpital que me présente le docteur Kaddour. Nous nous confondons, — réciproquement mais en langues diverses, — dans de longs salamalechs, le docteur nous servant de trucheman. Le directeur paraît fort sensible à mes compliments sur la bonne tenue de l'établissement. Je prends enfin congé du docteur Kaddour, non sans le remercier chaleureusement de sa complaisance et lui avoir payé mon tribut d'éloges bien mérités.

En sortant de l'hôpital, je me rends à la prison civile, Elle se trouve non loin de là, dans la rue de l'Eglise qui est voûtée à cet endroit. Un lignard du bey monte la garde à la porte.

En attendant la venue de M. Gautier, l'inspecteur général à qui je suis recommandé, je me promène dans une cour intérieure où donnent les portes des différents services (salle d'écrou, greffe, cabinet du juge d'instruction, parloir des avocats, bureau des employés). Dans un coin à gauche je vois, à travers une lucarne grillée, les indigènes prévenus de meurtre : certains ont, comme on dit, une *sale tête*, des types de brutes ou de bêtes féroces.

Je jette aussi un coup d'œil, mais sans être tenté de m'y risquer, dans l'étroit corps de garde ou sont entassés une dizaine de soldats beylicaux. Comme c'est aujourd'hui vendredi, le jour sacré des musulmans, le perruquier vient de faire leur toilette et des touffes de cheveux traînent çà et là sur le plancher.

Cependant M. Gautier arrive et se met de suite à ma disposition avec une complaisance et une affabilité dont je ne saurais trop le remercier.

Il y a dans cette prison 8 ou 900 détenus, tant indigènes qu'Européens mais rigoureusement séparés. Les prisonniers sont entassés par fournées de 80, 100 et même plus, dans des salles trop petites pour un pareil amas d'hommes. Ce sont tous des prévenus, mais pour les Tunisiens, la prévention n'a pas de limites. On me citait des infortunés qui étaient là depuis deux ou trois ans, attendant patiemment leur sort et encore a-t-on réalisé sur ce point de grandes améliorations. Autrefois on restait souvent prévenu une partie de sa vie. Si l'on reproche à la justice française d'être parfois boiteuse, la Themis tunisienne est pour le moins cul-de-jatte.

Ces malheureux ont cependant l'air résigné : à notre entrée, ils se lèvent comme un seul homme, se mettent en ligne et font le salut militaire tandis que nous parcourons leurs rangs.

Ils ne sont astreints à aucun travail, car ce sont des prévenus ou des condamnés qui ne restent que quelques jours en attendant leur départ pour les bagnes de la Goulette ou de Porto Farina.

Leur nourriture se compose de 750 grammes de pain de soldat et d'un peu d'huile dont ils sont très friands : quatre fois par semaine on leur donne une soupe aux légumes et de la viande le dimanche. Ce n'est pas somptueux, mais l'administration indigène n'est pas très maternelle pour ses enfants égarés, du reste les trois quarts de ces gens n'ont pas chez eux une meilleure alimentation.

Quant aux vêtements, la générosité beylicale ne s'en préoccupe nullement : les prisonniers portent leurs effets le plus longtemps possible, puis c'est à leurs parents à y pourvoir, sinon ils s'habillent comme ils peuvent — ce qui n'est pas beaucoup dire ! Je me rappelle notamment avoir vu parmi les enfants, un malheureux gamin qui pleurait à chaudes larmes : je croyais, en raison de ce déluge lacrymatoire, à un repentir sincère. Son voisin m'expliqua que sa douleur provenait uniquement de ce que, n'ayant plus de famille et sa gandourah n'étant plus qu'une loque, il se voyait déjà nu comme un petit saint Jean. La promesse d'une chemise sécha ses larmes sur-le-champ.

Les femmes musulmanes sont dans une autre prison, aussi mal partagées : la plupart resteraient dans un état de dénuement complet si la charité ne s'en mêlait. Autant par cette raison que pour respecter le préjugé des mahométans, je n'ai pas osé solliciter pour les voir une permission qui du reste n'est que très rarement accordée.

Les Européens ou les protégés sont mieux traités : je vois encore deux prisonniers drapés dans de superbes gandourahs, qu'on semblait même entourer d'une certaine déférence. Songez donc, ils avaient escroqué par une banqueroute frauduleuse des sommes importantes ! Je me rappelais involontairement cette légende cruelle d'un dessin de Forain :

« X... vous êtes inculpé de vol ?

— Pardon, Monsieur le Juge d'instruction, j'ai fait une faillite de dix millions ?

— Oh ! De grâce, monsieur, asseyez-vous donc ! »

. . . .

Les enfants sont séparés des hommes et parqués dans la même cellule : les juifs sont également placés ensemble.

M. Gautier me montra même les cabanons où l'on enferme les teigneux qu'on soumet à des fumigations de soufre, et enfin le service anthropométrique qui m'intéressa vivement. C'était la première fois que j'en voyais le fonctionnement et il m'avait fallu pour cela venir à Tunis alors que j'aurais pu depuis longtemps l'étudier si facilement à Paris. Il est fort bien dirigé par M. Chesnay, un ancien adjoint de M. Bertillon.

En résumé grâce à l'intelligente et active impulsion de M. Gautier, beaucoup d'améliorations ont été réalisées, mais il est à souhaiter qu'on ne s'en tienne pas là. Resserrée en plein cœur de la ville dans des pâtés de maisons, trop petite pour les nombreux détenus peu nourris et encore moins vêtus, vieille et mal aérée, cette prison ne répond guère aux besoins les plus impérieux de l'hygiène et pour beaucoup de malheureux elle n'est que l'antichambre de l'hôpital.

Afin de me reposer de cette matinée entièrement consacrée à des visites pénibles, je m'en vais l'après-midi flaner à la place Halafouine.

C'est la plus belle place de la Tunis indigène et certainement la plus intéressante. Elle est ombragée d'arbres, ornée au milieu d'une fontaine en fonte avec une large vasque où viennent boire les chevaux où les troupeaux rentrant du pâturage.

Une mosquée la borde entièrement d'un côté : les autres parties sont garnies par des cafés arabes devant lesquels de nombreux clients sont assis, les jambes repliées, sur des bancs, sur des chaises ou même simplement à terre sur des nattes.

Quelques-uns jouent aux cartes ou à un espèce de jeu qui ressemble aux échecs : les autres ne font rien, regardant les joueurs ou, silencieux et immobiles, se laissent aller a ce farniente si cher aux Orientaux, fumant leurs éternelles cigarettes de tabac blond et sirotant une tasse de café.

Sur la place règne une animation perpétuelle : c'est comme un kaleidoscope de scènes amusantes et sans cesse variées.

Voici de bons gros bourgeois qui viennent gravement s'installer sur des chaises, traînant par la main leur progéniture tandis que leurs femmes restent claquemurées dans l'enceinte inviolable du harem ; — des spahis en veste rouge, caracolent sur leurs petits chevaux ; — de vieux fonctionnaires tunisiens s'en vont, courbés sur leurs cannes, prendre leurs places habituelles, aussi *ronds de cuir* que nos employés français ; — des porteurs d'eau passent écrasés sous le poids de leurs outres en peaux de bique : — des petits hammals polissonnent à qui mieux mieux — des marchands de bouquets offrent des roses, des jasmins, des œillets, et des tonneaux d'arrosage distribuent la fraîcheur en éclaboussent tout le monde.

Il y a toujours quelque musicien, quelque bateleur et surtout quelque conteur arabe autour duquel on fait cercle. Le conteur jouit en effet d'un rôle considérable parmi les Orientaux qui sont de grands enfants : il débite de longs récits, contes de fées plus ou moins empruntés aux Mille et une Nuits, aussi interminables que fantastiques, L'improvisateur en effet se complait aux moindres détails, dépeint minutieusement le costume de son héros et surtout le harnachement de son coursier. Ces longueurs ampoulées ne déplaisent pas du reste à ses auditeurs toujours charmés par le côté descriptif et fabuleux de la narration. Ils restent là, bouche bée, à écouter : mais leur générosité ne correspond pas toujours à leur attention. Tout à l'heure un malheureux en a fait l'expérience : il était fort entouré pendant le cours de sa narration, mais lorsqu'il voulut faire la quête, la foule s'écoula sans lui donner le moindre sou. De désespoir il jeta son turban à terre et empoignant sa derbouka à pleines mains, il la brisa contre le sol, en lançant à ses ingrats auditeurs toutes les imprécations que comporte le vocabulaire tunisien.

Je suis resté là, installé sur mes trois chaises dont une me sert de table pour ma tasse de café, séduit par ce charme indéfinissable de l'Orient que je retrouve aussi vif, aussi intense que la première fois, à ma seconde visite dans cette Tunisie si ensoleillée et si pittoresque. Cependant comme j'ai appris que l'*Abd-el-Kader* est aujourd'hui en rade de Tunis, je médite d'aller surprendre à son bord le commandant Bernadoni avec qui j'ai navigué autrefois, et je m'arrache aux attraits de la place Halfaouïne pour m'en aller jusqu'au port où le navire balance sa noire carène.

Moyennant la somme de quinze centimes, un tramway me conduit à la Porte de France, puis un autre à la Douane en suivant les avenues de France et de la Marine. Six heures du soir : c'est le moment où la fashion fait assaut d'élégance. Toutes les beautés locales sont sous les armes. Les horizontales font leur persil. — Les mères de famille exhibent les filles à marier. Le pavillon couvre la marchandise : mais si la marchandise est généralement fraîche et jeune, quelles ruines que ces vénérables chaperons ! Ah ! l'Orient n'est pas clément aux femmes d'un certain âge ! — Des nounous, la plupart italiennes, écoutent les propos galants des zouaves enflammés : rapprochement des nationalités et fusion des races latines en dépit de la Triplice. — Des envolées de jeunes filles, en toilettes blanches ou roses, s'en vont, bavardant comme des pies, ce qui ne les empêche pas de couler des regards humides sous leurs longues paupières frangées de cils noirs.

Et tout ce monde féminin n'a qu'un but, qu'une préoccupation, *quærens quem devoret*, comme le loup de la fable, — en bon français : chercher un mari pour la vie ou pour la nuit.

J'ai trouvé le commandant Bernardoni finissant de dîner et prenant le café avec le docteur et les officiers du bord. Etonnement ! Exclamations !! Jubilation !!! Je suis reçu à bras ouverts, on ne me lâche plus : en un clin d'œil, mon couvert est mis à côté du commandant. Et comme les souvenirs défilent ! La traversée de Marseille à Tunis, l'excursion sur la côte Tunisienne, l'odyssée de Kairouan, la partie de billard dans un café de la Mehedia, la promenade à pied à Gabès et la cavalcade à âne à Tripoli, l'escale à Malte, les repas si gais à bord, les folles soirées, les moindres incidents sont rappelés et je vois que mes compagnons ont, comme moi, gardé la mémoire de nos communes excursions d'autrefois.

Après le dîner je débauche le commandant et le commissaire pour faire un tour à terre. Nous allons déguster des glaces au café de Paris en écoutant des mandolinistes italiennes : elles sont là, trois ou quatre malheureuses filles, en robes claires, grattant le ventre de leurs guitares et flanquées d'un chef d'orchestre qui m'a l'air de cumuler plusieurs métiers.

Dans l'établissement voisin, je retrouve une partie du personnel chantant qui est monté en wagon à la Goulette. Un mauvais ténor nous régale d'imitations de nos artistes les plus en vogue. Une vieille dame, énorme et outrageusement décolletée, glousse une romance sentimentale en roulant des yeux pâmés : une autre — une juive à tête de cheval — lance le couplet grivois et porte les armes avec sa jambe. La troisième, une grosse commère réjouie, mime la danse du ventre dans un costume suggestif. Almée des Batignolles, elle contrefait assez plaisamment avec sa blague parisienne, les contorsions des Ouled-Naïl ou des danseuses Egyptiennes. C'est le seul numéro un peu amusant du programme.

Je reconduis mes compagnons à bord de l'*Abd-el-Kader* et tandis que je regagne mon logis, l'avenue de France flamboie sous les feux des cafés. Les concerts font rage : on entend de tous côtés des pianos dont on taquine l'ivoire, des violons qui pleurent, des guitares qu'on agace, mêlés à des bouts de refrains,— hurlements de chanteurs, miaulements de divettes. De quoi exécrer la musique pour le restant de ses jours !

CHAPITRE XVIII

La nouvelle cathédrale. — Le Bardo. — La prison et son musée. — Les appartements de S. A. le bey, le grand salon de réception. — L'escalier des lions. — Calèche arabe. — Le Hara, ghetto tunisien. — Fils et filles d'Abraham. — De l'obésité au point de vue plastique. — Mœurs et costumes. — A la fenêtre. — La moralité des Juives.

Samedi 10 *juin*. — Ce matin sous la conduite de Mgr Gazaniol qui est curé de Tunis, j'ai visité la future cathédrale, ou pour parler plus exactement son emplacement : car les fondations seules sortent de terre. Elle s'èlèvera sur un ancien cimetière, dont quelques tombes apparaissent encore çà et là, à côté de l'église actuelle. Celle-ci naturellement sera démolie, du reste elle n'est à vrai dire qu'une chapelle construite provisoirement et ne correspond plus aux besoins de la population actuelle. La nouvelle cathédrale sera juste en face et dans l'axe de la Résidence qu'elle écrasera quelque peu de sa splendeur.

Monseigneur m'a ensuite retenu à déjeuner : c'est un causeur charmant et un amphitryon des plus aimables : nous avons fait honneur à son excellent bordeaux. (Sa Grandeur n'est pas du Midi pour rien). Je me rappelle aussi avec reconnaissance un certain vin de Carthage, — un produit des vignes du regretté cardinal —, qui m'a laissé le plus affectueux souvenir. J'en ai profité pour boire à la santé de mon hôte et à la prospérité de son œuvre qui mérite tous les encouragements.

Puis en route pour le Bardo avec M. C... Ah ! par exemple, il fait chaud et encore que nous soyons dans un excellent landau, nous n'avons guère le courage de remuer bras ou jambes. Nous rencontrons en route une compagnie de zouaves venant de l'exercice : la blouse et le pantalon de toile, le fusil à volonté, le mouchoir flottant sous la chechia. Les pauvres diables suent à grosses gouttes par cette température torride, et plus d'un jette un regard d'envie sur la voiture où nous nous prélassons.

Le Bardo, situé à trois ou quatre kilomètres de Tunis était la résidence de Sadok, le prédécesseur du bey actuel. Selon la mode orientale, celui-ci l'a abandonné pour aller habiter ailleurs : c'est ainsi que la plupart des palais, laissés dans un lamentable abandon, tombent peu à peu en ruines.

Le Bardo n'était pas seulement autrefois un palais beylical, mais encore une véritable ville fortifiée. Il fallait bien loger la Cour et sa suite : puis des marchands s'étaient installés à leur tour pour les besoins de ce monde officiel.

Actuellement il sert à la fois de musée pour les antiquités tunisiennes, de caserne à une ou deux compagnies de la garde du bey et de prison pour les peines ne dépassant pas un an. Au-delà les condamnés sont dirigés aux bagnes de Forto Farina ou de la Goulette où je me rappelle les avoir vus autrefois. Leur existence semblait assez douce : on les employait au service de la voirie. Accouplés deux à deux par des chaînes rivées à leurs pieds, ils s'en allaient balayer les rues par petites escouades sous la surveillance d'un garde chiourme paternel. Ah ! les gaillards ne se foulaient pas ! Des deux prisonniers, il y en avait bien un qui travaillait, l'autre regardait philosophiquement : le plus souvent, tous deux musaient, sollicitant de la générosité des passants quelques sous ou des cigarettes qu'on ne leur refusait guère. Du reste ils n'étaient pas mal vus par la population, et leur peine subie, ils rentraient tranquillement dans leurs tribus. Ils avaient payé leur dette à la Société : partant, ils étaient quitte envers tout le monde.

La prison du Bardo n'offre rien de particulier, c'est la répétition de celle de Tunis avec cette différence que les condamnés sont astreints au travail : on les occupe à tresser avec de l'alfa des nattes ou des couffins.

Le musée est intéressant, il y a notamment dans une grande salle une mosaïque immense et assez bien conservée que l'armée a découverte au moment de l'expédition. Elle contient, au milieu de guirlandes de fleurs et de feuillages, une soixantaine au moins de grands cartouches représentant les dieux et les déesses de la mer chevauchant sur des monstres marins. Malgré le nombre, pas une attitude ne se ressemble ; les poses sont aussi gracieuses que variées et la couleur ne s'est pas altérée. Les murs sont tapissés de pierres votives, d'inscriptions et d'autres mosaïques représentant des scènes de pêche, des coquillages, des homards, des poissons, des natures mortes dans le goût des dallages des salles à manger Pompéiennes.

Dans la salle voisine qui est ronde, se trouvent quelques statues, et des bas reliefs découverts dans les fouilles : j'admire surtout la coupole du plafond si finement ciselée qu'on croirait une dentelle.

Les appartements beylicaux présentent une enfilade d'immenses salles joliment décorées de faïences, de porphyres et de marbres de diverses couleurs : les plafonds sont dorés, couverts de glaces ou enluminés de couleurs voyantes. Malheureusement comme toujours, d'affreux meubles européens souvent du plus mauvais goût les déparent, ainsi que de méchantes lithographies richement encadrées et des peintures à l'huile plus détestables encore. Cependant je n'ai plus retrouvé dans le grand salon de réception cette kyrielle de pendules et ces deux énormes boules de verre comme on en voit dans les jardins des ginguettes de la banlieue parisienne. On n'avait rien imaginé de mieux que de les placer, sans doute comme des choses rares, de chaque côté du trône.

Ce salon de réception est immense. Il est orné des portraits en pied des beys de Tunis et des souverains de l'Europe, passés, présents ou futurs. Louis-Philippe y coudoie Napoléon III et l'empereur d'Autriche très jeune, le Prince de Galles.

En somme, le palais sent l'abandon et le délabrement.

Nous descendons par l'escalier des lions ainsi nommé parce que sur la large rampe, des lions en marbre blanc sont représentés dans les attitudes les plus variées.

Il est à peine quatre heures, notre visite est terminée, mais, cruelle désillusion ! le train que nous croyions pouvoir prendre, ne part qu'à sept heures et demie et nous avons renvoyé notre voiture. Faire la route à pied, par cette chaleur et dans cette poussière, il n'y faut pas songer.

Nous entrevoyons l'horreur de cette longue attente. Heureusement nous finissons par découvrir une vieille calèche que conduit un cocher tunisien : une femme arabe est déjà en pourparlers et s'apprête à monter. Mais, comme elle ne donne que dix sous et que nous en offrons trente, l'automédon n'hésite pas, il rompt les négociations et nous *charge* sans scrupule. Ma foi ! au diable la galanterie ! Il fait trop chaud et puis aussi pourquoi s'envelopper de voiles aussi impénétrables ? Nous n'aurions peut-être pas résisté à la supplication de deux beaux yeux ou d'une bouche charmante : nous demeurons insensibles devant ce paquet de linge.

Pas luxueux, l'équipage : deux haridelles apocalyptiques qui n'ont cure des coups de fouet ; des coussins éventrés par lesquels passent les cheveux filasse d'un rembourrage quelconque, les glaces des portières cassées, une propreté plus que douteuse. La caisse de la voiture est tellement disjointe que nous avons peur à chaque instant qu'elle ne se disloque et que notre vieux cocher, qui est sourd comme plusieurs pots, ne continue sa route avec ses coursiers et le train de devant.

Soyons justes cependant, nos craintes étaient exagérées, nous arrivons tant bien que mal au quartier juif où nous descendons. C'est aujourd'hui samedi : Israël est en fête. Aussi dans toute la Hara, on ne rencontre que des descendants d'Abraham endimanchés, pardon ! — ensabbatés — se promenant dans les rues de ce ghetto tunisien.

Les hommes qui ont conservé les vieux usages portent le fez rouge à gros gland bleu, une veste de zouave, des culottes dont le fond disgracieux et énorme pend et ballote derrière eux comme une grande poche vide. Un certain nombre, surtout les jeunes, ont adopté le costume européen et arborent des chapeaux de paille à la dernière mode et des complets gris clair d'une coupe irréprochable. On croirait des millionnaires : ce ne sont pourtant souvent que de pauvres commis de magasin, des employés de banque qui gagnent quarante ou cinquante francs par mois, en donnent quinze à leurs parents pour payer leur nourriture ainsi que leur logement, et dépensent le reste à leur toilette.

Le costume des jeunes filles est des plus gracieux : un foulard de couleur voyante coquettement noué sur leurs bruns cheveux, une blouse de soie généralement rose, bleue ou jaune tombant jusqu'aux hanches, un large pantalon blanc noué à la cheville, les pieds nus dans des sandales de bois. Ces sandales sont d'une forme particulière : très hautes, sur des pieds, elles ressemblent à des petits bancs. Je ne sais comment les femmes peuvent maintenir leur équilibre, et elles font en marchant un gentil petit cliquetis sur le pavé.

Avec leur teint mat de créole, leur noire chevelure, leurs grands yeux très doux, les Juives sont vraîment jolies, mais par exemple, il faut qu'elles soient jeunes :

dix ou douze ans au plus, alors qu'elles ont encore les charmes de l'enfance unis déjà aux séductions de la femme.

Passé cet âge, on les fiance et alors adieu la grâce et la beauté, tout au moins telles que nous autres Européens nous les comprenons. Dès qu'ells sont promises en mariage, on les engraisse, mon Dieu, oui! absolument comme des volailles. On les gosse de riz, d'aliments féculants, on les laisse dans une oisiveté, une immobilité absolues et quand elles sont devenues des masses de chair et de graisse, le fiancé triomphe.

Il en est de même du reste pour les musulmanes : ici la beauté ne s'estime qu'au poids et les Orientaux n'aiment pas les femmes légères.

Nous en rencontrons de ces jeunes femmes mariées : la gaité rieuse de l'enfant, la grâce provocante de la jeune fille ont disparu sous le masque impassible d'un visage empâté et bouffi : leurs yeux sont sans expression comme les yeux d'émail des poupées. Portant difficilement l'opulence de leurs ventres, elles ressemblent à des outres gonflées et se balancent lourdement de droite et de gauche sur leurs sandales de bois ou leurs chaussures trop courtes. Elles portent alors un costume singulier : sur la tête, un cornet doré d'où part un grand voile blanc dans lequel elles s'enveloppent entièrement. Vues de dos, on dirait des pains de sucre ambulants, et, quand le vent s'engouffre dans ce manteau léger, il y produit les boursoufflures les plus étranges et les plus invraisemblables.

Que dire des vieilles toutes ridées, dont les jambes sont enveloppées dans des caleçons noirs qui en font encore ressortir la maigreur? Avec ce profil sémitique, si beau pendant la jeunesse, horrible quand l'âge vient, on dirait des sorcières. Et elles s'en vont, les pauvres vieilles, longeant les murailles, comme des ombres falotes, si petites, si courbées, si ratatinées qu'elles ont l'air d'avoir déjà un pied dans la tombe.

Beaucoup de femmes ont aussi adopté le costume européen qu'elles portent du reste abominablement.

Je ne parle bien entendu que des classes inférieures; les Juives d'un rang plus élevé savent s'habiller comme nos Parisiennes. Cependant elles ne se dépouillent pas facilement de leurs anciennes habitudes, et je me suis laissé conter que plus d'une belle israélite, dont on admire à l'avenue de la Marine l'élégante et fine chaussure, dès qu'elle est rentrée chez elle, se débarrasse de cet instrument de torture pour vaquer les pieds nus à ses occupations intérieures.

L'ostentation joue d'ailleurs dans la tribu d'Israël un rôle important: souvent plusieurs familles se réunissent pour louer dans l'avenue de France un luxueux appartement. Chacune n'a qu'une chambre qui lui sert à la fois de salon, de salle à manger, de chambre à coucher; mais ces dames peuvent s'exhiber au balcon en grande toilette.

Ce quartier de la Hara avec son dédale de rues sombres, étroites et tortueuses n'est rien moins que gai. Les maisons vieilles, décrépites sont couvertes d'une lèpre affreuse et semblent s'appuyer les unes contre les autres pour ne pas tomber. Percées de rares fenêtres grillées, de lucarnes garnies d'épais barreaux, elles ont des aspects louches et sordides. Les portes sont basses et étroites. Comme elles restent aujourd'hui grand'ouvertes : j'aperçois au milieu de la cour des familles entières qui célèbrent le jour du Seigneur dans l'oisiveté consacrée. Il y a là d'énormes matrones, parées comme des châsses et que leur obésité condamne à l'immobilité, entourées d'essaims d'enfants et de fillettes folâtres. On dirait de grosses poules au milieu de moineaux espiègles.

A presque toutes les fenêtres, dont les grillages s'arrondissent dans le bas en panses rebondies, sont accoudées des jeunes filles aux costumes voyants, qui regardent langoureusement les passants et ne s'effarouchent nullement de leurs œillades.

Autrefois les Juives étaient réputées pour être peu sauvages : c'est encore dans leurs rangs que se recrutent les bataillons légers des chanteuses, des danseuses et des prêtresses de Vénus. Mais depuis l'occupation française, nos écoles ont eu sur les mœurs la plus salutaire influence. Beaucoup de jeunes filles fréquentent nos établissements laïques ou même congréganistes et, sans renoncer à la religion de leurs pères, elles y ont pris peu à peu nos idées de morale chrétienne et, hélas aussi ! nos modes européennes.

CHAPITRE XIX

La procession de la Fête-Dieu à Tunis. — Les confréries de Maltais. — Les Maltaises. — A la musique des zouaves. — On flirte ferme. — Marchands et camelots. — Préparatifs de départ et adieux touchants. — Un dernier coup d'œil sur le panorama de Tunis.

Dimanche 11 juin. — Me voici à la veille de mon départ ; à vrai dire je n'en suis pas fâché : les fêtes perpétuelles de la première semaine, les courses incessantes des semaines suivantes m'ont fatigué, et je commence à en avoir assez. La chaleur du reste, qui nous avait relativement ménagés au commencement de notre séjour, est devenue insupportable. Dès dix heures du matin, elle nous accable pour le reste de la journée. Il faut faire des efforts presque héroïques pour s'arracher aux douceurs du farniente. Aujourd'hui je n'ai même plus le courage d'excursionner quelque part ou de travailler un peu. Je me borne à faire les visites d'adieu, et je passe mon après-midi au café Angelvin à boire des bocks qui ne me désaltèrent pas et à dévorer des journaux qui m'assomment avec leurs polémiques.

A cinq heures, la procession de la Fête-Dieu sort de la cathédrale pour faire dans la ville son trajet accoutumé :

car à Tunis, — de même que dans presque tout l'Orient, — en dépit du prétendu fanatisme musulman, chaque culte jouit de la plus entière tolérance et peut en toute liberté vaquer dans l'intérieur des églises aux exercices religieux et se livrer même extérieurement à ses pacifiques manifestations.

La procession se déroule en un interminable cortège. En tête le suisse traditionnel et majestueux précédant les élèves des écoles des frères, des marianistes, des dames de Sion, des sœurs de St-Joseph. Les bannières de toutes couleurs flottent au-dessus de ce petit monde. Puis de longues théories de jeunes filles habillées de blanc, couronnées de roses, enveloppées dans leurs légers voiles de mousseline, charmantes dans ce virginal costume d'enfants de Marie. Deux confréries de Maltais revêtus, les uns de soutanes brunes, les autres de soutanes violettes avec des camails. Ce sont de vigoureux gaillards aux têtes brunes, énergiques, aux moustaches épaisses, aux noires chevelures qui sous leur costume quasi-sacerdotal, ressemblent à des loups déguisés en brebis. Presque tous appartiennent aux corporations des cochers, des garçons bouchers ou épiciers et ils se feraient un scrupule de manquer à cette cérémonie. Ils tiennent à la main un cierge allumé et chantent à tue-tête. Chaque confrérie a son drapeau, immense et très lourd, que le plus robuste champion porte en se roidissant, très fier de sa charge.

Voici maintenant une troupe de ravissantes fillettes roses, bouclées, enrubannées qui jettent les fleurs : les enfants de chœur dont les surplis blancs tranchent sur leurs robes rouges : des chantres qui mêlent leurs voix de stentor aux voix féminines : le clergé de la paroisse et enfin, au milieu des nuages odoriférants que lancent les encensoirs, sous un dais soutenu par six forts gaillards, Mgr Gazaniol, dans la splendeur de ses vêtements pontificaux, portant l'ostensoir.

Derrière, une assistance nombreuse composée en grande partie de Maltaises ; elles portent le costume national, à demi cachées sous le mantelet noir qu'elles mettent sur leur tête et dans lequel elles s'encapuchonnent avec une certaine coquetterie.

Sur le parcours de cette longue procession se presse une haie de curieux de toutes les religions, de toutes les nationalités. Les catholiques se découvrent, les israélites et les musulmans se tiennent dans une attitude respectueuse et, chose merveilleuse ! dans cette foule bigarrée, pas un cri malsonnant, pas une note discordante, pas un geste grossier — malgré l'absence absolue de gendarmes ou d'agents de police.

Une rude leçon de tolérance et un grand exemple, n'est-ce pas, pour beaucoup de Français !

. . . .

Dans la soirée, l'excellente musique des zouaves nous donne à la Marine un concert en plein air, à la lueur des torches. Il y a foule et les chaises font prime. Des nombreux marchands provoquent la clientèle. « Dolci ! Dolci ! » crie un italien en poussant devant lui une voiture chargée de friandises interlopes. — « Des allumiettes, des allumiettes, glapit un petit juif indigène — » « A la fraîche ! Qui veut boire ? un sou le verre de sirop tunisien ! » hurle de sa voix éraillée quelque voyou parisien échoué dans ces parages.

Cependant le sexe faible joue de la prunelle pour lorgner les élégants fashionnables, les fringants officiers dont le sabre traîne à terre avec un cliquetis vainqueur. On flirte ferme, m'a-t-il semblé et j'ai cru, Dieu me pardonne ! entendre plus d'un baiser échangé à la faveur des ténèbres propices. Mais j'ai pu me tromper, je suis si myope ! Et puis, — Honni soit qui mal y pense.

Lundi 12 juin. — Mes préparatifs de départ sont terminés, ma valise est bouclée : ma chambre a déjà pris cet air désolé des logements qu'on abandonne. Je suis très heureux de partir et cependant je ne puis quitter sans une profonde émotion cette hospitalière demeure où j'ai été accueili avec tant de cordialité.

J'exprime par la voix du fidèle Léon ma gratitude à Sidi Béchir-ben-Béchir, qui est venu recevoir mes adieux, j'embrasse le petit Hassouna ainsi que Mimoun et j'envoie un dernier geste d'adieu aux serviteurs de tous sexes et de toutes couleurs qui, rangés devant la porte, me regardent partir d'un air attristé.

J'ai retrouvé à l'embarcadère un véritable cortège d'amis qui sont venus me serrer la main une dernière fois : ils sont tous là, jusqu'à cet excellent John C... et sa femme, jusqu'à ce pauvre Léon qui m'apporte les excuses de son maître retenu à la maison par un empêchement fortuit. Dieu me bénisse ! Voici même la barbe majestueuse du Père Éternel ! Mais oui ! c'est Monsieur

Angelvin qui me broie les phalanges avec une énergie méridionale, me remerciant de ma fidélité à son établissement, me priant de disposer de lui si jamais j'ai besoin en France d'un produit tunisien quelconque !

Les larmes me viennent presque aux yeux devant ces témoignages de sympathie: et c'est le cœur serré que je dis adieu à tous ces amis et à tous ces braves gens.

Cependant la cloche du départ a retenti et après, d'assez longues manœuvres, notre bateau — la *Ville de Tunis* — se met en marche.

Et sous nos yeux se déroule ce merveilleux panorama dont on ne se lasse jamais.

Tunis nous apparaît avec ses mosquées, ses minarets, ses coupoles, ses blanches maisons à terrasse s'étageant en pentes douces jusqu'a la Kasba, son ancien Acropole.

Sur les collines voisines, la maison des petites sœurs qui se dresse comme le phare de la miséricorde et le port des malheureux, — le fort Ben-Hassen, les monastères musulmans.

La ville s'estompe peu à peu dans un lointain qui noie les détails et c'est maintenant la côte tunisienne qui s'offre a nos regards.

A gauche, Radès, un nid de verdure, — Hammam-lif au pied de la chaine de montagnes sur laquelle le Bou-Kornine arrondit sa double bosse de chameau, — plus loin le Djebel-Ressas et dans le fond, la masse grise du Zaghouan.

A droite, l'ilot de Chikly émerge des flots, très pittoresque avec son vieux fort en ruine et ses murailles crénelées.

Puis la Goulette et son phare, — reine découronnée depuis que les paquebots vont directement à Tunis — et toutes ces jolis plages avec leurs coquettes villas, dominées par la cathédrale de Carthage.

Que c'est beau et comme le temps passe vite à contempler ce spectacle enchanteur !

Mais déjà notre bateau a pris le large et, caressée par les chauds rayons d'un magnifique soleil couchant, la côte d'Afrique disparaît peu à peu dans un éblouissement de pourpre et d'or.

CHAPITRE XX

Le retour. — Joyeuse traversée à bord de la *Ville de Tunis*. — Une condamnée à mort. — Appréciation culinaire sur la soupe à la tortue. — Une émule de la Loïe Fuller. — On arrive ! — De la discrétion des poissons. — La douane française, la terreur des dames. — Un quartier du port de Marseille. — Le mot de la fin.

Mardi 13 juin. — Autant notre première traversée avait été mauvaise, terne et presque maussade, autant celle-ci est belle, gaie et pleine d'entrain.

La mer est absolument calme, unie comme un miroir : pas une vague, pas une ride, pas le moindre roulis. Aussi les passagers, ravis d'échapper aux angoisses du mal de mer, sont-ils d'une joie exubérante : touristes nomades, fonctionnaires en congé, militaires libérés, tous retournent en France, et cette pensée seule réjouit les plus moroses.

Je flâne sur le bateau, amusé par les moindres incidents du bord.

Ici un soldat, qui s'est mis dans les bonnes grâces du cuisinier, épluche des légumes et attrape ainsi un supplément à son modeste ordinaire.

Ailleurs des matelots prennent leur repas dans leur vaisselle de fer battu, pittoresquement assis sur le pont ou sur les bastingages.

Plus loin une énorme tortue, — une condamnée à

mort, — attend son sort philosophiquement : un petit chat la regarde curieux et quand cette maison ambulante se met en marche, il saute de côté, avec un effarement comique.

L'élément militaire domine : des soldats de tous les régiments d'Afrique qui retournent dans leurs foyers. On est *de la classe* et comme on est plus ou moins du Midi, zuze un peu, mon bon, si les langues manœuvrent !

Le moindre incident intéresse : un bateau qu'on croise et qu'on salue quand il porte les trois couleurs, des marsouins qui jouent, des mouettes qui nous suivent en jetant des croassements lugubres.

La mer continue a être superbe et nul ne manque à l'appel, quand la cloche sonne le déjeuner ou le dîner. On nous a servi un potage à la tortue qui n'a enchanté personne : ça sent un goût bizarre, ni chair ni poisson, on dirait de la colle forte délayée dans de l'eau et les petits morceaux de la bête, qui nagent comme des croûtons dans une purée, sont aussi durs que de la corne. Heureusement le reste du repas est meilleur, bien que la cuisine soit un peu pimentée.

Les convives sont très gais. Nous nous offrons même après le dîner une représentation chorégraphique.

Nous possédons à bord une émule de la Loïe Fuller, celle qui à Kassar-Saïd avait initié son Altesse le bey aux charmes de la danse serpentine. On la fait venir dans le salon des Premières et elle nous esquisse ses pas les plus gracieux. Mais le plafond est trop bas pour lui permettre de déployer tout son talent : de plus l'éclairage est absolument défectueux. C'est en vain qu'on essaie d'iriser sa robe avec les feux verts et rouges de deux lanternes, ils sont trop faibles. Nous encourageons cependant par des bravos bien nourris la bonne volonté dela danseuse.

Elle traînait avec elle deux artistes mâles : un vieux et un jeune. Le premier nous régala de chansonnettes qu'il dégoisait d'une voix chevrotante de vieille bique, en faisant des effets outrés de comique de dixième ordre. Il eût un succès dont il fût très fier et dont il parlera longtemps à terre. Il était réellement cocasse avec sa figure glabre de comédien : d'autant plus qu'il affectait une tenue fort correcte, drapé dans une redingote vaguement noire. Il s'était même payé le luxe de mettre un gant, le seul qu'il possédât peut-être. Malheureusement, grisé par nos applaudissements,il ne savait plus s'arrêter : et il allait, il allait, il allait, vidant son sac jusqu'à complet épuisement de son répertoire. Nous souffrîmes beaucoup.

Le plus jeune, lui, ne faisait pas grand chose : il mouchait les bougies et allumait les lampes. C'était un artiste à sa manière et je crois qu'il jouait surtout près de la diva un rôle plus intime.

Entre temps quelques amateurs s'étaient attelés au piano avec plus de courage que de succès, car le malheureux instrument poussif et hors d'âge, ne rendait que des sons aigrelets et vieillots qui rappelaient les épinettes de nos grand'mères. Souvent même il restait complètement aphone au milieu de la phrase musicale. Il en avait vu de si cruelles dans le cours de son existence maritime !

Malgré sa variété, ce spectacle au bout d'un certain

temps ne laisse pas que d'être fatigant. On étouffe dans ce salon des Premières où sont venus s'empiler les passagers des autres classes et une partie de l'équipage. Je déserte la place et je monte sur la dunette respirer un air plus pur.

La soirée est exquise, une température très douce, un ciel moucheté d'étoiles, une mer d'huile, comme on dit, argentée par les rayons d'une lune radieuse.

Je m'attarde délicieusement sur le pont en de vagues rêveries et c'est avec peine que je me décide à aller m'enfermer dans mon étroite cabine.

Mercredi 14 juin. — Je dormais comme un plomb quand je fus réveillé par le garçon qui me secoua vigoureusement en me criant : « Monsieur, on débarque ! » Comment, nous sommes arrivés ? Et je n'ai pas vu l'entrée toujours si intéressante du bâteau dans le port de Marseille !.... Pends-toi, de la Forge !

Le navire est en rumeur : les passagers sont déjà sur pied et le pont est encombré. Je m'insinue, moi dixième, dans un canot où sont empilés mes compagnons de voyage.

On rit, on plaisante avec une verve endiablée : je me rappelle même un fort joli mot de Mme X.., une de nos passagères. Comme on se plaignait de la chaleur de la nuit dernière,

« — Moi, dit-elle, j'ai laissé le hublot ouvert toute la nuit...

— Diable, fit M. L... et si un poisson volant était indiscrètement entré dans votre cabine ?

— Oh ! répondit-elle, je ne crains rien, les poissons sont muets ! »

. . . .

Nous subissons les exigeances tracassières de la douane : elle ne respecte rien, pas même les coins les plus intimes des malles des dames. N'est-ce pas pitié de voir les mains rudes des douaniers tripoter ces peignoirs coquets, ces fines chemises de baptiste, ces coquets pantalons garnis de dentelles ! De grâce, Monsieur le Directeur Général, donnez donc des ordres pour que vos employés leur épargnent cette visite peu galante !

Hélas ! L'administration me répondra que c'est surtout l'élément feminin qui pratique la contrebande et que chaque voyageuse est plus ou moins une fraudeuse. Il est si difficile de résister à l'attrait de passer en cachette quelque flacon d'essence de rose, un tapis de Kairouan une étoffe brodée d'or, ou quelqu'un de ces jolis bibelots impitoyablement tarifés à son entrée en France ! Tout cela est si tentant ! Ce n'est pas pour rien qu'on a placé en Orient le Paradis terrestre. Seulement Adam s'en est tiré relativement à bon marché ; aujourd'hui les fantaisies féminines sont plus coûteuses que celles de notre grand' mère Ève et nos pécheresses modernes ne se contenteraient pas d'une simple pomme !

Après avoir rempli ces formalités, je vais au télégraphe pour annoncer à ma famille l'heureux retour du pigeon voyageur et j'emploie le peu de temps qui me reste avant le départ de l'express à errer sans but dans les quartiers qui avoisinent le port.

Il y a là une Marseille populaire qui est bien curieuse. Des rues étroites et sombres, — les antipodes des allées de Meilhan ou de la Cannebière. Au milieu, un ruisseau dont les eaux fangeuses sont arrêtées à chaque instant par des tas d'ordures et des digues d'immondices : des maisons hautes de cinq à six étages, noires, sales, tristes : hôtels borgnes, restaurants infimes, poissonneries et boutiques variées. Le ΞΕΝΟΔΟΞΕΙΟΝ (1) grec y coudoie l'albergo italienne : le zinc français, le bar américain. Des loques sordides pendent aux fenêtres et les portes ouvertes nous initient aux misères de l'intérieur.

Quelle population ! Des malheureux dépenaillés, des voyous à mines patibulaires, des marchands de marée criant leur marchandise trop odorante, des matelots encore avinés des bordées de la veille, des filles en cheveux et en jupon, traînant leurs savates chez le fruitier ou le marchand de vin voisin : des femmes du peuple, usées, tannées, déformées par des maternités successives, des légions d'enfants morveux, crasseux, mal peignés et encore plus mal lavés, se roulant dans la boue... L'armée du vice et le bataillon de la misère ! Tout ce monde grouillant, braillant, gesticulant avec l'exubérance du Midi, et, — dominant le tout, les gazouillements agaçants des oiseaux des îles, les cris percants des gros perroquets verts qu'on retrouve à chaque porte se balançant sur leur perchoirs.

Les jolis tableaux à la Callot et que d'études à faire ! Mais l'express n'attend pas....

(1) Hôtel, littéralement la *maison des étrangers*.

Je retrouve dans mon compartiment une partie de mes compagnons de traversée : nous déjeunons gaiement ensemble au wagon restaurant, et tandis que le train file à toute vapeur, que des paysages défilent devant les portières avec une vertigineuse rapidité, — enfoncés dans nos sièges capitonnés, dans la douce béatitude qui suit le repas et heureux de nous rapprocher des nôtres, de songer que bientôt nous embrasserons ces chers adorés, nous avouons tous que le moment le plus agréable du voyage, c'est encore CELUI DU RETOUR.

TABLE DES MATIÈRES

Chapitre IV

Chapitre V

Chapitre VI

Chapitre VII

Chapitre VIII

Chapitre IX

Chapitre X

Chapitre XI

Chapitre XII

Chapitre XIII

Chapitre XIV

Chapitre XV

Chapitre XVI

Chapitre XVII

Chapitre XVIII.

Chapitre XIX.

Chapitre XX.

Imp. G. Saint-Aubin et Thevenot, St-Dizier, 30, Passage Verdeau, Paris.

www.ingramcontent.com/pod-product-compliance
Ingram Content Group UK Ltd.
Pitfield, Milton Keynes, MK11 3LW, UK
UKHW021057220726
13924UKWH00005B/2129